相馬一意著

# 無量寿経講述

永田文昌堂

# はしがき

まったく予期していないことながら、二〇一九年度夏安居の本講師を務めることになった。二流の研究者であり、特筆すべき研究業績もないものとしては、二回目の本講師などというのは実に荷の重い仕事である。真宗学（宗乗）の和上であれば、真宗聖教の典籍のいずれかを選んで、それを講じてゆけば、数回の安居も可能であろう。しかし、仏教学（余乗）を専門とするものは、真宗関連の典籍を見つけ出して、一回くらいはなんとか本講師をするにしても、二度目になれば同じようにことは進まない。

幸いというべきなのであろう。私はここ数年間、築地本願寺に開設されている「東京仏教学院」の研究科において「三経講読」なる科目を担当してきた。言わずと知れた、「浄土三部経」を順に講読してゆくものであるから、康僧鎧訳として伝えられる本宗所依の『無量寿経』も、数回の読了経験がある。

講義の場所が場所なだけに、真宗学から見た『無量寿経』の位置づけを完全には無視し得ず、それも加えて講義し、なおかつ、厳密な文献研究を基礎としての、近代的で合理的・論理的な仏教学に耐え得る講義を目指してきたものである。この点は、龍谷大学における講義と同様で、マァ、格好良くいえば、近代的な科学としての仏教学中の経典講読を志向してきたわけである。しかしこれは、受講者の能力というか、仏教学の基礎知識の多寡によって左右されることがらで、結局は、右の学院の講義においては、講師と受講生との差がひらくばかりで、失敗に終わったといえよう。

それで、講師たる筆者は、講義意欲を減退させて、この科目担当をやめさせていただくことになった。諸般の都合で、希望の二十九年度いっぱいでやめることができず、三十年度前期まで担当していたのである。

近年は、専門は仏教学であるなどというのも恥ずかしいと思うほど、この方の研究はしていない。その代わりといっては何だが、浄土真宗本願寺派の勧学寮の業務に関わる仕事を通じて、真宗聖教との接触が深まり、就中、宗祖親鸞聖人の著作を読む機会が多くなっている。別のところに書いているが、私の仏教研究者としての三十数年の歩みが、浄土真宗聖典の編纂・刊行とともにあったことを考えれば、これは当然至極のことといえよう。そのお蔭をもって、いま聖人の教えをことのほか有難く感じて毎日を生きている。

こういう状況下で、「三経講読」の講義に飽いた筆者が出あったのは、仏教学院が、やはり研究科の講義科目なのだが、「本典講読」の担当者を探している、というニュースであった。もちろんのこと、本典とは宗祖の『教行信証』のことであるから、それを原文に即して読んでゆくという科目である。私は即座に手を挙げた。「私は余乗が専門であるが、私でよければ担当させてくれないか」と。半分以上は、専門でないからと断られると思っていたのが、それが、OKがでたのである。私はそれがとても嬉しくて、この権利を決して手放したくなかったので、新たな担当者が見つからず、続行を頼むと泣きつかれた「三経講読」を半年余計に担当したのである。

こういういきさつがあって、件の東京仏教学院の研究科で「本典講読」をいま担当している。とても面白い。こう言ってはまことに失礼ではあるが、ご自釈という宗祖の記述部分は少なく、ほとんどが他の経論釈からの引用文であるが、その引用の仕方たるや、まったくの宗祖独自のもので、他の追随を許さない。と、いって過言ではなかろうと思う。世間の仏教学の常識などはほとんど考慮しない。宗祖がそれまで培ってこられた教学、それを補強し、よりはっきりと主張し得るように読みかえ、時には、文字さえも書きかえる。なぜなら、阿弥陀如来の衆生救済が真実で、私たち罪悪深重の凡夫は、これを求めずしては決して救われない、という信念が一貫しているからである。

こういういわば宗祖の目で、私も当該の大経を見直す羽目になったと思ってみられたい。経がこれまでと違って見えてきたことは当然のことである。理屈だけで考えれば、大経が真実の教であることはよく知っていたし、釈尊の「出世本懐」の経として扱われていることに何の疑問もない。が、宗祖聖人が、真実の教は『大無量寿経』だと示しつつ、経の大意を、弥陀如来が「凡小を哀れんで選んで功徳の宝を施することを致す」ことと、釈尊が、「群萌を拯ひ恵むに真実の利をもってせんと欲す」ことにあると断じて、経の宗致は本願、経の体は名号と、極めて明瞭に語られているのを、なるほどごもっとも、まさにそのとおりといただいた途端、本願と名号とにスポットライトが当たって見えてくるのである。名号を経の体として重視すれば、漫然と四十八願が重要なのではない。第十七願と第十八願とがこれまた格別に浮かびあがってくる。

先のごとく、筆者にとっては少しばかり色あせて見えていた大経であるが、こうしてまた輝きを取り戻したのである。いまの私にとっては、長いながい大乗経典の編纂史あるいは成立史だとかは、もはやどうでもよいことのように見える。誰が漢訳したかなどというのも関係はない。つまり、仏教学的な広い視野で、経典全体を考察するのではなく、宗祖の見た、本願と名号を説き、それをもって極悪なる煩悩具足の凡夫の往生（成仏）を教え示す経たる大経、これこそが『無量寿経』であり、そのことが、ここにこれ、こうした文章で述べられていると語ることなら、講義する気になれる、というわけである。

これなら本派の夏安居で講義する意義があるはずだ。私のすることだから、十分に意を尽くした講義など望むべくもない。それに、幾多の和上方が、そんなことはとうの昔に語ってもいよう。まったくもって「屋上屋を架す」仕儀、いや中国の正しい言い方では、「屋下に屋を架す」振る舞いといわねばなるまい。けれども、こういう方向で、少しは安居大衆にとって役立つ講義ができようかと思い直したのである。

まことに長いいいわけであったが、こういういきさつ、思考経路を経て、大経が講義経典として選ばれたのである。昨年度に続き三部経の講義となり、恐縮であるが、致し方のないところである。本経以外で経典について話すつもりはないし、七祖の論釈については、『論註』だけしか通じていないし、宗祖の撰述については、当然ながら、講義する能力も自信もない。やはり大経しか残っていないのである。

夏安居での大経講義の歴史を調べてみれば、昭和十五（一九四〇）年からの資料であるが、これまでに八回の記録が得られた。我が敬服する仏教学の大先輩、月輪賢隆先生や、普賢大円和上、それに大田利生和上等、錚々たる名が連ねられている。そこへ私の今回の講義を加えて、八十年間に九回の講義、多いというべきか少ないと考えるべきかは知らないが、この驥尾に付して、安居の『無量寿経』の講義に名を加えることは、はなはだ名誉なことであろう。

この講義史において、何か独自の解釈を示すことは、それゆえ、とてもかなわないことであると思っている。しかしながら、宗学上の大経の解釈に、ほんのわずかでも寄与する点があればもって瞑すべし、と感じてもいる次第である。

このようにして、この研究が無事に刊行されることは、これまでにたまわった数多くの先学・諸先生からのご指導、ご教授のお蔭である。あるいはまた、聖典編纂の業務を通じてご縁をいただき、様々な貴重なご意見や釈義を賜ってきた結果でもある。思えば、よくもここまでお育てを受け、真宗聖教に対する興味を増殖し得たことよ。かかる学恩に対しては、深甚の感謝の意を表明するばかりであるが、もはやこの気持ちは、言葉をもってしては表現不可能の感がする。直接の師も、間接的に多方面から指導を受けた和上方も、皆、鬼籍に入って、いや、往生されている。還相回向とはいいながら、直接の御礼を申し上げることはできない。ならば、この自己のいま到達している見解を、後生に語り伝えることが、私のできる報謝行なのであろう。

ともかく、私の能力では到底なし得ないところ、皆様方のお育てを得たればこそ、このような成果に結びついたといえよう。このことをあつく御礼申し上げる次第である。

そして、校正や索引作成に関しては、前著の安居講本と同様に、龍谷大学非常勤講師の小野嶋祥雄氏、本願寺派総合研究所研究員の佐竹真城氏、宗学院研究員の赤松信映氏の三氏にとくにお世話をいただいた。ここに記して、業務にお忙しい中、貴重なお時間を割いてご助力賜ったことに、深くふかく感謝申し上げたい。

また、今回の本書の出版も、永田文昌堂主永田　悟氏の格別なるご配慮をもってなったものである。

末尾ではあるけれども、面倒な出版をご快諾いただいた永田　悟氏に対して、強い感謝の誠を捧げるものである。

二〇一九年四月八日　　釈尊娑婆濁世への降誕の日

著者　しるす

# 無量寿経講述　目次

## 講読篇

### 序分

正宗分

# 無量寿経講述

# 研究篇

# 第一章　講読に当たって

## 一

仏教学（余乗）出身の論者としては、『無量寿経講述』などとタイトルして著書を刊行するからには、いわゆる「五存七欠」などと語られる経典の翻訳史であるとか、「康僧鎧訳」として伝えられてきた本経が、果たしてそう考えられるべきかどうか、本当の翻訳者は一体誰か、といった翻訳者の確定などについて、当然にそれなりの意見を表明すべきである、といわれるかも知れない。しかしながら、こうした仏教史学的、あるいは書誌学的考察については、今このところでは、一切言及しない。この方の研究は、藤田宏達先生の『原始浄土思想の研究』『浄土三部経の研究』（ともに岩波書店刊）という二つの大著を超えるべき業績を提示することは、もはやかなわないと考えるし、当該の経が、康僧鎧の訳であろうと、仏駄跋陀羅・宝雲共訳（論者も、一応これが正しいとは考えている）であろうとも、ここでの講述には何ら関係しない、と思うからである。

縁あって真宗学（宗乗）の勉学の機会が多く与えられ、勧学寮の業務も、真宗法義に直接関わっての仕事がほとんどであったから、浄土真宗の教学（宗祖親鸞聖人の教義）に多大の興味をかき立てられてもきた。この夏安居において大経を講義しようと思ったのも、宗祖がご本典「教文類」に、「それ真実の教を顕さば、すなはち『大無量寿経』これなり」と述べられている「真実の教」の意を窺いたいと考えたからに他ならない。よって、今私は、一二・三世紀に生きられた宗祖親鸞の大経観を、不十分ながらも云々するつもりであるから、中国の三世紀や五世紀の大経観などは直接的には問題にしないし、訳者の当否等をあげつらう気なども少しも無い、というのである。

であるから、浄影寺慧遠の『無量寿経義疏』をはじめとする注釈書等々についても、何も触れるところはない。そういうことを知りたいと思う読者がいれば、前記の藤田先生の著書や、岩波文庫『浄土三部経』（下）の解説等々を参照されたい。あるいはまた、非常に数多くある宗学からの講録本などについても、先行研究書に譲って、ここに整理して示し解説するようなことはしない。折に触れて、関係ある限りにおいて言及するだけである。

要するに、最初からいいわけめいたことを述べて本講述を始めているのは、ただただ宗祖のお受け取りになった大経のこころを講じたい、それに関わらない事柄は、すべて無視する、という基本的な講義態度を明示したいがためである。

## 二

したがってまた、サンスクリット本などは、一切参照していない。原典にたち返って理解した方が、原始浄土思想を問題にする時には、内容がよく把握できる場合もあろう。しかし、宗祖がサンスクリット本をまったく使用していないからには、真宗義からの理解には、サンスクリット本の意味合いそのものがほとんど役に立たないといえよう。経の体たる名号・南無阿弥陀仏の原語的表現がそもそも想定し得ない、という事実に明らかである。

浄土教理史を問題にして、諸異本を比較対照して研究するような場合には、「二十四願経」の原典であるとか、「四十八願経」の底本などを想定したりする。あるいは現存サンスクリット諸本と『如来会』とを比較研究して、現存梵本の発達段階を推定するのも重要なことではある。しかし、こういう研究の方向と、今宗祖の「真実の教」として受け取る立場は、格別な関係がないということである。チベット訳を参照しないのも同様の理由からである。

それにもかかわらず、語注において、サンスクリット語の対応語が考えられる場合には、できるだけ原語表記を入れるようにした。これは、そうすることで、言葉の意味が把握しやすいと考えたためである。長い歴史をもつ仏教語は、インドに起源のあるものが多く、それを示すためでもあった。もちろんのことだが、宗祖がそういう原語を知っておられたという意味ではない。

さらに、現存のサンスクリット諸本やチベット訳などを一応の終結として、そこに至る経典の展開・編纂の歴史などを研究して、諸異本の比較研究や本願文の対照研究をするなどという分野もある。現に、前掲書『浄土三部経の研究』三〇五頁には、「本願比較対照表」が掲げられ、サンスクリット本とチベット訳を含めた七異本の対照がなされているし、三一一頁からは「本願思想の系譜」なる節も設けられている。それゆえ、この方面の研究も、浄土教の総合的な研究としては重要なものであること言を俟たない。けれども、これもまた今は割愛しているということである。

この点は、やはり一言いいわけしておかねばなるまい。昨年安居の本講和上の講本『阿弥陀経講讃』を見よ。「第一章　論攷篇」にしても「付録一　漢梵蔵〈阿弥陀経〉対照表」にしても、本論者がわざわざ、無視する、言及しない、考慮に入れないなどと断っている事柄について述べられている。この講本の良し悪しを言っているわけではない。私のものは、そうしたことに関する言及は一切なくして、ただただ論者の讃述のみにして、まったく体裁の異なる講本になるといういいわけである。悪しからず諒解を請う次第である。

## 三

それにしても、『観経疏』に「玄義分」があるように、講読を始める前に「文前玄談」なる部分が必要であろう。しかし今、論者には体系的にそれを為す余裕がない。それで、本講述において一番参考にした、香月院深励師の『無量寿経講義』（浄土三部経講義1　法蔵館　昭和五五年）の十門玄談（分別）の項目を紹介することで、その責を塞ぎたい。詳しい内容は、この書の四頁～一〇九頁を参照されたい。そこに、

第一述教興所由（出世本懐の義）

一者為顕開諸仏大悲門故　二者為顕開諸仏智慧門故　三者為酬諸仏咨嗟本願故
四者為令五乗斉入一乗故　五者為対下機説極善法故　六者為令衆生速成普賢行故
七者為令二乗速成仏果故　八者為度娑婆界人道故　九者為殊度末法衆生故
十者為遠潤法滅機類故

第二弁一経宗体（経宗・経体の論　経の大意）

第三判頓漸教相（横竪の教判）

第四者定能説教主（釈尊の応身・報身の論）
第五明本師本仏（三世諸仏の本仏としての阿弥陀仏　十劫久遠の論）
第六論所被機類（弥陀の本願の救済対象）
第七決説時前後（大観両経の説時の前後論）
第八云翻訳差別（五存七欠の論、康僧鎧訳についての論）
第九釈一経題目（経題を釈す　これより入文解釈）
第十者解翻訳人名（撰号を釈す）

とあるのを見れば、括弧の中に入れた解説語は、論者の理解に基づく補足であるが、これだけで、いかなる内容が語られているかは明瞭であろう。そして、それぞれの論の帰結も、宗学を学んでいる方ならば、それなりに予想がつくであろう。深励師の玄談は、第九と第十は、経本文の解釈に入っているから、語の正しい意味での「文前玄談」は、八門分別ということになる。

この八門については、本講述では、すべて講読篇に解説・言及されているから、その時になって、この部分を思い出して頂ければと思う。また、それゆえに、ここでの言及を避けたのでもある。

「真実の教」、「経の体は名号」と示され、阿弥陀仏の本願が説かれるただ一つの経典、そして本願名号の成就とそのはたらき等々が示される大経について講義するとすると、真宗の大切な論題のほとんどに関わることである。今とり急ぎ、勧学寮編の『新編　安心論題綱要』によって、「出拠」に本経が出されている論題名を羅列するならば、

第一　聞信義相　　第二　三心一心　　第三　歓喜初後　　第六　信一念義
第八　所帰人法　　第十　十念誓意　　第十三　行一念義　　第十五　正定滅度

と八論題に及ぶし、第五の「信心正因」は、肝腎の語が経にないので、出拠は宗祖のご本典に求められてはいるが、これも第十八願文とその成就文に密接に関わることは言うまでもない。

ということで、これらの重要論題の内容解説をすることが、真宗教義を語ることになる。それゆえにまた、本経を講述することは、こうした論題に触れ、丁寧なる解説を為さねばならないということでもあろう。しかしながら、論者の能力と時間等の関係で、それを十全に為しえているかといえば、はなはだ心許ない限りである。気がついた限りで、できるだけ丁寧なる解説を心がけたつもりではあるが、理想からは随分と遠いものとなっている。であるから、ここに、真宗教義の学修者・宗学者の集中して深い理解を得るべき項目として右の内容を掲げ、各自の研鑽を期待するものである。足りないところあること、悪しからずご諒承を賜りたい。

## 四

本宗所依の康僧鎧訳として伝える『無量寿経』（以下、便宜的に『正依大経』と称する）には、経典の内容から見て、親鸞教義からすればなおさらのこと、はなはだ異質な部分がある。いわゆる「三毒段」「五悪段」の部分である。これは、もともとの原典に存在していたのかどうか曖昧な部分で、おそらく『大阿弥陀経』の当該部分からの改変・再編集によって加えられたものと考える。だから不要、というつもりはないが、右の真宗教義に対しては、まるで関係のない記述となっている。よって、こうした位置づけを説明するだけにとどめ、経本文の内容解説は一切していない。そのことをここに明確に断っておきたいと思うのである。

ただ、この問題はかなりやっかいで、簡単には結論の出にくい事柄であるから、これまでもいろんな主張がなされてきたところである。論者には、不要だとして、経典の記述から除くべき、という意見すら突きつけられた経験がある。が、今にわかにこの問題に対して断を下すこともできないし、軽々に私どもが経典内容を変更したり増減をするという権限もないことだから、何らかの見通しを得るために、一応の研究をしてきた課題でもある。

もちろんのこと、あくまで個人的な見解にとどまるが、論者は、これまでに二つの論考というかたちで、この「三毒・五悪段」に関する意見を表明してきた。それを、本講述の中で、読者・安居大衆に対して活字にして示すことにしたのである。満足できる内容でないことは重々承知しているが、本文内容解説を省いた代償のつもりである。第二章として出している「『大阿弥陀経』三毒・五悪段の訓読報告」と、第三章の「三毒五悪段における中国的（儒教・道教的）表現について」がそれである。

「三毒・五悪段」に興味を有する読者の研究に何らかの助けになれば幸いである。

右の研究を行った副産物として得られたものが、その次に掲げた「『大阿弥陀経』三毒段・五悪段の書き下し」である。右に一言したように、当該部分の大本は『大阿弥陀経』であると考えられるので、そこを丁寧に訓読したものである。論者の見る限りでは、これまでの訓読には理解しにくい部分がある。それで、自分が納得できる訓読を、と考えて作ったものなのであるが、一部の人から好評価を得た場合もあったので、やはりここに出すことにした。少しでも参考になればと考えているところである。

ただ、作成した時期がことなるので、本講述本文の書き下しとは、漢字・仮名の変換基準が少しずれている。あまり変更なく作成時のものを掲げているから、その点で不統一のそしりを免れないが、これは容赦されたい。

## 五

最後にもう一つ断っておきたいことは、訓読の底本や書き下し文、あるいは解説の基本的な態度等々についてである。

無量寿経の漢文テキストは、数多く出版されているが、現在でもっとも学術的価値の高いものは、浄土真宗本願寺派総合研究所編、本願寺出版社刊の『浄土真宗聖典全書一　三経七祖篇』所収本であろう。よって、底本はこれで、この書の一五頁〜七〇頁である。しかし、あくまで底本ということで、本講述の用いた活字は、そのままの字体（旧字体）ではなく、新字体や当用の字に改めている。また、いくつもの字体が考えられるような場合には、論者の好みで、恣意的ではあるが、一つの字体に統一している。これは一にかかってワープロ使用の便宜の為ということであるが、いずれの字体を採用しようとも、辞義の解説、表現全体の解釈そのものに何の影響もない、と考えているためである。この点は、論者の先の講本『曇鸞《往生論註》の講究』と同様の扱いである。

読み下しは、この聖典全書本に付せられている訓点を考慮したり、また、註釈版聖典の表現（その三頁〜八三頁）も参照したりして進めた。そして深励師の前掲書をはじめとする諸講本をも参考にしたが、結局は、論者独自のものである。句読点も論者の解釈に基づいて入れている。よって、その成否あるいは良し悪しの評価は、すべて私自身が負うものである。

次には、経全体の解釈に関わる科段についてである。序分・正宗分・流通分という三分化はそれほど変わらないにしても、解釈者によっては、大きく変化するのがこの科段であろう。武邑尚邦『大無量寿経講讃』を開けば、「魏訳大経の分科について」として一章が当てられている（二三頁〜三〇頁）。しかしまた、論者は、この科段をどうするかという問題についても、多言を費やしたいとは思わない。宗祖の大経観として、「弥陀成仏の因果（如来浄土の因果）」という救済の主体と、「衆生往生の因果」という救済の客体側の有り様がはっきりしていて、名号・信心・往生（成仏）の意義がよく分かるものならば、それでよいと考えているためである。

よって、経の分段は、とかく批評を交えずに、そのまま註釈版の科段を採用している。序・正宗・流通の三分も一から四十八の細分も、文中に記述したように、『大阿』の「三毒・五悪段」部分の書き下し作成に当たっても、これに従っている。そうして、各段の最初に見出し的に示している語も、ほとんどが註釈版の柱の表現によっているのである。

註釈版の末尾にある「刊行にあたって」を読むと、「伝統的な解釈を十分尊重しながらも、・・・浄土真宗の本義を明らかにすべく意図した」と記されている（当該記事の最後の頁）。とすれば、宗祖の考えを受けての註釈版であるといえようし、それに依るというのは漫然と従っているのではなくして、積極的にその意義を敷衍しつつ順うということであろう。

ただ、だからといって、解釈も細かな文章理解もすべて註釈版のそれに従うというのではない。ところによっては、分段の箇所を変えた方がよいと考えた場合もあり、改行の箇所も完全には一致していない。そういう違いが、註釈版と異なった形になっているなら、それは論者の考えに依っているということであり、その責はやはり当方にある。

この講読本の構成は、これも『曇鸞《往生論註》の講究』と同じで、研究篇（『講究』では解説篇）と講読篇の二部構成で、その第二部講読篇は、本文・書き下し文・語注（項目名は「語句」としている）と解説との四部構成である。この点も先行講本に同じで、その理由も「輪読するためのテキストとして使用するのを最大の目的においたため」であり、書き下し文を丁寧に読むことに心がけて欲しいと念じている。論者の心持ちとしては、丁寧に訓読すれば意は自ずから通ずる、と考えていて、単語の意味が了解されながら、文全体、段落全体の意が取りにくいとするならば、それは訓読がおかしい、というふうに思考しているからである。

書き下し文を読むだけで正しく文意を受け取るには、単語の意味説明・解説が必要で、これがとても重要になってくるであろう。けれども、それを担うべき「語句」の欄は、はなはだ少なくなっている。これは、十分過ぎる語注として、註釈版の脚註や巻末註が具わっているためである。あるいはまた、こうした注記を本にした『浄土真宗辞典』が刊行されている（本願寺出版社刊　二〇一三年）からである。註釈版にもこの辞典にもその刊行に携わってきた論者としては、改めてこの「語句」のところで解説をくり返すのは、とても煩雑な気がしたのである。だから、足りない語注の補いは、註釈版と右の『浄土真宗辞典』に依られんことを切に願う次第である。

さらにまた、『浄土三部経　―現代語版―』なる意訳聖典も出ている（やはり本願寺出版社刊　平成八年）。よいできばえであると思う。『正依大経』の解釈にはとても参考になる。

わざわざいろんな文献名を出してきたのは、講読を進めるにあたって参考文献を明示しておかねばなるまい、と考えた所為でもある。参考文献名を羅列するのが、どれほど役に立つのか論者は疑問に思っているから、一括して、碌々参照してもいない文献名を誇示するのは避けたいのである。しかしそれなりに示す必要がある。それでこういう仕儀となっている。折に触れて名を出しているものが、論者の参考にした文献名である。

それでも、別格の扱いというものが何にでもある。ここに最初から最後まで一貫してお世話になった文献を三つだけ記しておきたい。すでに出てきているから、ほとんど略号で出す。

一、浄土真宗聖典全書一　三経七祖篇（原文と訓読）

二、浄土真宗聖典註釈版（訓読　語注）

三、深励師の『無量寿経講読』（訓読　語注　解釈）

である。これらの書物の意義は、今更いう必要がない。読めば分かる。机の右に置いて、本講述の読解に当たるよう求めておきたい。また、これらから受けた学恩に対しては、言辞をもって表現し得ないが、何はともあれ深甚の謝意を表明しておくものである。

# 第二章　『大阿弥陀経』三毒・五悪段の訓読報告

## 一　特徴的な用語

【① 仏教語】　仏教語として用いられているものは、その主なものをあげれば、

阿逸《あいつ》、無央数《むおうしゅ》、比丘、比丘尼、優婆塞、優婆夷、阿弥陀仏（国）、往生、菩薩、阿羅漢、泥洹《ないおん》、鬱単《うったん》、五悪道、無常、悪道、沙門、五道、須臾《しゅゆ》、愚癡、仏国、泥犁《ないり》、薜茘《へいれい》、両舌、悪口、妄語、忍辱、仏道

等々が認められる。この中には、

阿逸（ajita）、比丘（bikkhu）、比丘尼（bikkhuṇī）、優婆塞（upāsaka）、優婆夷（upāsikā）、阿弥陀（amita）、菩薩（bodhisattva）、阿羅漢（arhan）、泥洹（nibbāna）、鬱単（uttara）、沙門（śramaṇa）、泥犁（niraya）、薜茘（preta）

といった、サンスクリット語あるいはその俗語からの音訳・音写語が用いられている。けれども、こ

れらは単発の用語使用であり、「三毒五悪段」全体が、このことによって、翻訳によって成立したと考えるべき証拠にはならないと思われる。以前の仏典の翻訳語を受け継いでいることを示しているのであろう。

とにかく、仏教語としては、右にあげたようなものが用いられているということで、こうした用語のうちで、「三毒五悪段」の教説内容に本質的にかかわるものがあるかといえば、それは何も認められなかったといえよう。

悪と善とを仏教語とすれば、これこそが重要な概念であり用語であるが、これを仏教語としてことさら取りあげることについては、私は、少し躊躇せざるを得ない。

**【② 漢語】**　本段においては、普通の仏典にはあまり見あたらない漢語が多く用いられている。まずはそれを羅列してみよう。

悷恨、撿斂端直、適莫、瑕穢、姝好、恢廓及曠蕩、恢安、褒羅、譊譊、薄俗、屏営、憂毒忪々、縦捨、摧蔵、愓尽、家室・中外、違戻、剋識、殃咎、窈々冥々、須待、矇冥抵突、貪狼、矇瞑、便旋、総猥憒譊、窈冥、惆悵、虧負、典総、維綱、攬持、呼嗟、剋賊、過適、寃枉、庭羸、眄睞、恐勢迫脅、侵剋、偃蹇、尽愓、殃謫、徙倚、仮貸、辜較諧声、魯扈抵突、壮吁、諌暁、恢曠窈窕、

浩々汗々、紏挙、羅網綱紀、煢々忪々、揆度、欺殆、惚恫

こういった語が用いられている。もちろんのこと、漢語が多用されているからといってそれだけで中国編集の文献と決めつけることはできないが、全体にわたってこうした用語がくり返し用いられ、そこに格別なる仏教思想が語られていないとなると、そのままでは仏教文献として認めがたいことになるであろう。右の語のうちで、字書なしに正しく読めて意味がわかるものは、それほど多くはあるまい。そしてこういう用語を用いての表現、たとえば、

今我於苦世作仏、所出経道教授洞達截断狐疑、端心正行抜諸愛欲、絶衆悪根本。遊歩無拘。典総智慧衆道表裏攬持維綱、照然分明（今我苦の世において仏と作り、出すところの経道をもつて教授し洞達せしめて狐疑を截断し、心を端し行を正して諸の愛欲を抜かしめ、衆悪の根本を絶つ。遊歩するに拘ること無し。典総の智慧は衆道の表裏にして維綱を攬持して、照然分明なり）

（聖典全書一・一七八頁）

とか、あるいはまた、

心口各異言念無実、佞諂不忠、諛媚巧辞行不端緒。更相嫉憎転相讒悪陥人冤枉（心口各おの異にして言念に実無く、佞諂にして忠ならず、諛媚巧辞にして行い端緒ならず。たがひに嫉み憎みうたたあい讒悪して人を冤枉に陥る）

（同右一八二頁）

といった具合で記述されているのである。通読して、ざっとおおよその意味を把握するのにもかなりの集中と根気とを要し、くり返し漢字字書の検索をしなければならない。これは、私一人の能力の問題ではなかろうと思う。

さらに、この「三毒五悪段」には、別稿に整理したように(1)、道家・道教においてよく用いられている術語も多く出る。いわく、道徳、道教、大道、天道、自然、無為等である。いまこの問題については深入りをさけて別稿の参照を願っておくとするが、こういう用語をもって記述することで、著しく独特な表現、中国的な色彩の色濃い表現となっているように思われる。

## 二　「三毒五悪段」における仏教思想(2)

本段における仏教思想は、本質的に業因業果の思想のみといってよい。これを「業道自然」と表現するもよし、伝統的な「自業自得」あるいは「善因楽果、悪因苦果」の思想といってもよかろう。少しく問題のある表現となっていて、記述どおり理解できない部分もあるが、善業には善い報いがあり悪業には悪い報いがあるから、善業を行うよう努めよ、というのである。そして、悪業の代表として三毒・五悪の行いが語られ誡められているのである。

この三毒に関しては、仏教的には貪・瞋・癡の三毒の煩悩が考えられるが、どうもこれとストレートにかかわるものではないようである。古くから「三毒段」と称してこの三毒の煩悩にもとづく悪業といった意味あいで理解されてきた。けれども、記述は錯綜していて、貪・瞋・癡の三毒でもってここを整理する合理的な理由はないように思える。

五悪といった概念も、もとから仏教にあったものとは認めがたい。したがって、「五痛」とか「五焼」といった用語も同様であって、この「五悪段」で語られるだけである。とにかく雑多なる人間悪を五種に整理して語っているだけであり、この五悪（五痛、五焼）といった分類が、仏教でいう五戒であるとか中国思想の五常などに比定して考えられたりもしているが、本質的にはこれらとはあまり関係がないと思う。

こういう業因業果の思想の中に、唐突に（私にはそう思われる）阿弥陀仏信仰が語られてくる。これが「三毒五悪段」における二つ目の仏教思想である。この内容を、出てくる順にしたがって項目的に羅列してみよう。

①阿弥陀仏国の安楽・清浄の様子とそこへの往生(3)

②「其有願欲阿弥陀仏国者可得智慧勇猛為衆所尊敬」の語が出る(4)

③阿弥陀仏の声を聞いて歓喜極まりないこと(5)

④善をなして阿弥陀仏の国に往生するよう心がけよという教説(6)
⑤同じく「三毒段」の結びの最末に、辺地の自然七宝の城という表現が出る(7)
⑥阿弥陀仏国等の他方仏国とこの世界で善を為すことの困難さの比較(8)
⑦伝魏訳の正依の『大経』では「兵戈無用」の句が出て有名な、仏国のありさま(9)

という七箇所が得られる。以下、少しずつ内容を解説しておこう。

①は、「往生阿弥陀仏国」と出て、その国の様子が「悪趣自然閉塞」とか「易往無有人」とかの句で説かれているところである。少し文字が変化しているが、康僧鎧による三国魏の時代訳と伝えられる『仏説無量寿経』(以下本講本では、便宜的に『正依大経』と表記することにしたい)にも同内容が受け継がれていて、宗祖が「信文類」に引いて名高いところである。けれども、ここの仏国についての記述に、格別に深い内容があるかといえば、それほどのものはないといってよいであろう。安楽、清浄、悪趣のない世界という以外には、ことさら特別のことは説かれていない。横超断四流という特別の思し召しで見て、宗祖はここを引いているわけであるが、これはこれより前の教説を受けての記述としてここにあって、この内容が「三毒五悪段」の本質と密接にかかわり合っているものではないといえよう。

②は、これまた『正依大経』の相当部分を宗祖が「信文類」末に引用している。宗祖は、信心を得

たものの徳が示されていると考えたから引いているのであろうが、浄土に往生した者が「智慧勇猛為衆所尊敬」となるといっているにすぎない。このような功徳の浄土であるから、それをめざして善を行えと、これまたいつもの言いぶりに戻るだけである。浄土往生がそれだけ強調されているともいえるが、善業をなして往生を願えと、あまりに強くいうと、往生の条件が善業ということになってしまって、〈無量寿経〉全体の教説とは矛盾することになるであろう。

③は、②と同じ段の末尾にある表現で、右に出した項目以上に出る内容はない。一般的に仏というものを解説して、そういう仏としての「阿弥陀仏の声を聞いて歓喜する」ことが説かれているにすぎない。

④は、『正依大経』では「後に無量寿仏国に生れて快楽極まりなし」という程度に変じているが、ここは、善をなしたなら、阿弥陀仏国に往生することができて、快楽に極まりはない、寿命も望むだけの長さが得られる。よって、善業に努めよと語っている部分である。結局、善業の結果としての浄土往生が語られているわけで、②と同じ文脈でのものといえよう。これこそが「三毒五悪段」の往生思想といえるかも知れないが、私たちの往生思想とは異質というべく、『正依大経』ではこの観点が見えにくくなっているように感じられる。(10)

⑤は、少しばかり注目すべき表現である。いわゆる方便化土が説かれているといってよい。「国界

辺」「七宝城」「五百歳」といった用語が、この化土のありさまを説いている。しかし『大阿弥陀経』では、ここに生れるのは「その過失に坐《つみ》せられて」とあるように、必ずしも、註釈版が、疑惑の目的語として「仏智を」と補っているようには理解できない。文脈上は、「これまで勧められてきた善をなせ、悪をするなという教え」を守らなければ、自然七宝の城に閉じ込められることになるぞ、ととるのが通常の解釈ではないか。

それにしても、その他の三語は、いかにも化土の特徴をあらわすものであるから、一応は、ここでも方便化土の思想が説かれているとみることができる。

「五悪段」においては、仏教思想は「三毒段」以上に、認めがたいといえよう。浄土教的な色彩もほとんどないといってよいと思う。すなわち⑥は、善をなせ、悪を行うなという教説の中で、この娑婆世界での善行がいかに価値ある行為であるかを示そうとして、「如是経法慈心専一斎戒清浄一日一夜者、勝於在阿弥陀仏国作善百歳（是くのごときの経法、慈心専一にして、斎戒清浄なること一日一夜なれば、阿弥陀仏の国に在りて善を作すこと百歳なるに勝れり）」（前掲書一八九頁）といって、浄土は善の国であると、間接的に語っているにすぎない。ここにことさらな浄土思想が見られるというわけではない。先の②や④と同じく、善業を勧める思想といえよう。

⑦も、これまでの教え（教誡）を示されてきた仏を讃えて、その国土が清浄で平和な世界であると

いうにすぎない。仏国土の様子を記述しているからと、ここにあげてはおいたが、ことさらな仏教思想というほどのものではない。かえって、表現そのものは、中国人の現実に即した国土観が、漢語的表現で語られているといってよいものである。「仏」の一語がなければ、必ずしも仏国土のありさまととる必然性もない表現になっている。

このように、本段での仏教思想は、格別なものは何もない、といってよい。少しあやしい業の思想と、阿弥陀仏信仰につなげるために、阿弥陀仏とかそこへの往生とか、往生した後の功徳とか、あるいはまた、方便化土らしき言葉をちりばめて、浄土教的な色彩を付加しているだけである。三毒・五悪の生活を捨てれば、こうした仏国・浄土の楽が得られると、それを強調するための材料でしかないように感じられる。本項の検討を通しても、〈無量寿経〉全体の中で、この部分は、やはり少し異質であるように思われる。

## 三　「三毒五悪段」の比較対照結果

「三毒五悪段」の成立とか編集地とかに関して、本稿は最終的な結論を得ようとするものではないが、『大阿弥陀経』と『平等覚経』と『正依大経』三本の相当部分を比較対照しての結果として、そ

の異同の様子等々について報告しておきたい。そして、結論的に、

①三本における「三毒五悪段」がほぼ同じ内容をもっていること、すなわち、『平等覚経』と『正依大経』とは、『大阿弥陀経』に全面的によっていること、

②『正依大経』は、しかしながら、用語と分量とにおいて『大阿』を整理して、〈無量寿経〉全体の中に矛盾なく挿入できるよう大分手を入れていること、

の、二つのことがらを主張しておきたい。

一々比較対照してみれば一目瞭然であるが、『平等覚経』は『大阿弥陀経』の「三毒五悪段」のまるきりの引き写し版といってよい。分量的にも内容にも、何等相違点はないといってよいであろう。翻訳経全体の用語との統一をはかるためか、阿弥陀仏が「無量清浄仏」とされている程度の違いがあるだけで、あとは、写誤による漢字表記の相違のみ、といってよいほどの違いしか認められなかった。もちろん、細かく見れば、いろいろな相違を指摘することはできるけれども、本質的な相違点はなかったということである。

これに対して、『正依大経』は、全体の分量が大分と減って、表現自体をそのまま引き写ししているようなところも少なくなり、全体の流れがスムーズになるように（と思われる）、文脈を整理し、用語を検討し直していると考えられる。しかしながら、全体的に見れば、文脈は同じというべく、

「三毒五悪段」でいいたいことが過不足なく受け継がれている。そうして、整理の跡が歴然としているにしても、漢語の用語も『大阿』以来のものが踏襲され、話の流れとか全体の構成という点では、何の違和感もなく三本を比較対照することができるのである。よって、『正依大経』においても、「引き写し版」的な性格は色濃く残っていて、先行の二本を基本にすえた再編集版であることは言を俟たないところである。

前項の④に指摘した往生思想は、確かに『正依大経』には消えている（あるいは大分薄められて述べられている）(11)。しかしながら、全体で、本段における仏教思想をみれば、この程度の変化のみにとどまって、ことさら大きな変化はないといってよい。いや、同じ部分に同じだけの仏教的な記述がなされていて、そうして、三毒・五悪に対する誡めがなされ善業が勧められているのである。

私は、『大阿弥陀経』の「三毒五悪段」全体を丁寧に訓読してみたが、前記のような難しい漢語が連続していてその作業にかなり手間取った。この時参考にしたのは註釈版聖典の『正依大経』の書き下し文であった。この聖典を右に置いて読むとき、『大阿』の文脈がスムーズに理解できたのである。私が、前か後ろかどちらにかかるのか理解できず、また、用語の意味を把握できずに、困り果てて註釈版をみると、たいていはそういう用語は捨てられるか、あるいは別の用語に置き換えられていて、内容理解に窮することはない表現に変わっていたのである。このような経験を通じて、私は、『正依大経』における再編集の跡をまざまざと感じたのである。あくまで主観的な意見かも知れないが、これもまた、『大阿弥陀経』を基本にした編集版にすぎないと。

それゆえ、「三毒五悪段」に関してだけのことであるが、その大本は『大阿』にあって、『平等覚経』も『正依大経』も、これにもとづいて記述され挿入されたものに相違ないと考えられる。少なくとも、それぞれに別々な原典（たとえばサンスクリット本やその他の言語の経典）があって、三者がそれぞれ独立して無関係に訳出（編集・挿入）したというような考えはとても認められないのである。

## 四　三毒と五悪の内容そのものについて

最後に、三毒あるいは五悪というものがらの内容について、ここで少しく述べておきたい。すでに第二項に一部ふれてきたことであるが、結局、三毒あるいは五悪というものは、しっかりとした概念を持ってはいない。三毒といえば、仏教では当然に三毒の煩悩（貪欲・瞋恚・愚癡）を思い出すであろう。したがって、この三毒によって命名されて「三毒段」というのかと思い、これで三段に分割しようとすると、それが無理であることがすぐに理解できるのである。確かに、『正依大経』には、「貪・恚・愚癡」の語が出る（聖典全書一・五六頁四行目）。しかしこれは、無量寿仏国には「貪・恚・

愚癡の苦悩の患《うれ》えがない」という文脈で出るもので、私たちの行う悪業の分類でも何でもないのである。

とにかく、いわゆる「三毒段」では、悪業がはたして三種類に分けられているのか、これすらもあやういことであって、諸の悪業が、三毒の煩悩にもとづいた行いであるというようにも記述されてはいない。偶然にも、註釈版聖典は三段に分けられているから、あたかも三毒によってそうなっているかのように見えるかも知れない。しかし、読んで見ればそうでないことはすぐにわかる。先行の二訳だけにある部分を考えれば、四段あるいは五段に分けるのが至当ともいえるのである。

よって、「三毒段」という科段には、そう命名されるべき必然性もなく、三毒を冠した分科名は、ここの記述内容から判断する限りは、これからは用いられるべきではない、と考えるものである。

「五悪段」は、確かに一悪ないし五悪と記されているから、「五悪段」という分科名に異存はないところである。けれども、この五悪の内容は、これまた種々雑多であって、いかなる基準にもとづいた分類であるかということになれば、何もいうことはできない。一から五までの悪の境目、違い目は何かということについても、私には、その線を引くことがまったくできなかった。

経典が「是為一大悪」というからこれが第一の悪で、ないし、「是為五大悪」といっているからこれが第五の悪であるという以外に、ここの悪には何の差もないように思われる。したがって、五戒に反する悪業として五種に分けられているとか、五常に反する行為としての五種の悪業であるとかいうのは、それらは、おそらく、論者たちの勝手な決めつけにすぎないものである。本文においては、こういった統一的な判断はなしがたい[12]。

また、この「五悪段」においては、「三毒段」以上に仏教思想は希薄になっている。第二項の記述でいえば、その⑥と⑦の記述があるだけである。

⑥において、かろうじて「忍辱・精進・一心・智慧」とあって、その前に「布恩施徳能不犯道禁忌」ともあるから（前掲聖典全書六三頁[13]）、六波羅蜜の項目が語られている。すなわち六波羅蜜行がいわれ、また阿弥陀仏国の善なるすがたが語られているのであるが、このこととこれまで強調されてきた善業とが、有機的に結びつけられて説かれていることなどは何もないのである。

⑦が、仏教思想であるかどうかは、かなりあやしいこと、やはり第二項に述べたとおりである。「仏」の一語を、「帝王」「天子」の語に置き換えたとたん、それは天の意志を受けた、天道に則した理想的な為政者の治世のすがたと変じるであろう。註記（9）に示しておいた原文にてその作業をしてみられたい。

こうして「五悪段」は、〈無量寿経〉のなかに異質性を色濃く残したままにあるといわねばならない。この点では、宗祖がここから一つも引用されないというのは、それなりに必然性のあることであろう。ましてや、「五痛」や「五焼」などといった観念が、仏教のものではあり得ず、註釈版六二頁の脚註のように解釈するにしても、もともとは、仏教語でも何でもないといわねばならない。

## 五　まとめ

ことさらに「まとめ」をするほどに内容のある報告にはなっていない。が、これまで断片的に語ってきたことを整理して、とりあえずのまとめにしておこう。

『大阿弥陀経』の「三毒五悪段」を訓読してみた結果は、やはり中国的な色彩が濃厚で、インドの仏教典籍のそのままの翻訳であるようには読みにくい、ということである。これのみで中国の撰述と結論づけるつもりはないが、こういう点からは、〈無量寿経〉の思想の中で、それなりの位置を占めさせて理解するのはかなり困難であるように思えた。

ここの仏教思想は、〈無量寿経〉の前段・後段のものと相応しておらず、前後との関連を与えるために、阿弥陀仏国とかそこへの往生といったことを挿入しただけで、あまりスムーズなつながりにはなっていないようである。ただ、『正依大経』においてだけは、この点だけが異なっていて、より深いつながりがあるごとく、手を加えた度合いが多く認められ、編集の手が十分に入れられていると感じられた。

けれども、「三毒五悪段」は、『大阿弥陀経』がもとで、それを手直しするかたちで『正依大経』まで展開してきたことは明らかであった。それぞれに別の原本を想定するようなことはできにくいということである。

三毒・五悪のものがらの内容は、何とも定義しようのないものであった。仏教思想からみても、また中国思想からしても、三毒あるいは五悪に相当する概念は、これまでのところ見出し得ていないということである。

**註記**

（1）勧学寮常設研究会のテーマ「『大経』五悪段の研究」にかかわる、私の分担課題の論考「三毒五悪段における中国的（儒教・道教的）表現について」（研究会「浄土真宗と社会」論文集所収、本講本に研究篇の「第三章」として再録）を参照されたい。

（2）ここの記述は、前註に記した論考の第五項「三毒五悪段における仏教思想」によって、観点を変えたので、そこを一部書きかえながら述べている。できれば、そちらもあわせて参照されたい。

（3）宗祖は、「信文類」末にこのところを『正依大経』と『大阿』の二経から引用している。その部分を『大阿』の原文だけ示しておけば、「可得超絶去。往生阿弥陀仏国、横截於五悪道自然閉塞升道之無極、易往無有人。其国土不逆違自然之随牽」とある（前掲書一七三頁）。

(4)『大阿』の表現は本文中に示したとおりで、前掲聖典全書本一・一七七頁に出る。なお、前註(1)に示した別稿には、『正依大経』の原文を出しておいた。

(5)『大阿』では、「聞阿弥陀仏声」の表現が二度出る(前掲書一七八頁の七行目と一七九頁の四行目)。けれども、『正依大経』では、ただ一度の記述に整理されていて(註釈版第三十二段の末、六〇頁)、『大阿』の二度目の記述の対応部分は、「得聞無量寿仏」となっている(前掲聖典全書一・五五頁)。解釈次第によっては、意味が変じているともいえる。あるいは、ここも『正依大経』における編集の跡を示すものであろうか。

(6)ここは、以下の本文中に述べているように、『正依大経』においては少し記述内容が薄められているように感じるので、『大阿』の原漢文と私の書き下し文とをあげておく。すなわち、「今世為善後世生阿弥陀仏国、快楽甚無極、長与道徳合明。然善相保守、長去離悪道痛痒之憂悩、抜勤苦諸悪根本、断諸愛欲恩好、長生阿弥陀仏国(今世に善を為せば後世に阿弥陀仏の国に生れて、快楽はなはだ極まり無く、長へに道徳と合明す。然して善はあい保守せらるれば、長へに悪道痛痒の憂悩を去り離れ、勤苦諸悪の根本を抜き、諸の愛欲恩好を断ちて、長へに阿弥陀仏の国に生れなむ)」(前掲書一七九頁)とある。『正依大経』の文と丁寧に比較されたい。

(7)同じく『大阿』の原文を出しておこう。「坐其過失在阿弥陀仏国界辺自然七宝城中讁五百歳」(前掲書一八〇頁)である。

(8)前掲聖典全書本一の一八九頁参照。

(9)やはり、『大阿』の原文をあげておこう。よく知られている『正依大経』と比較対照せられたい。「仏諸所行処、所経過歴郡国、県邑丘聚市里莫不豊熟。天下太平日月運照倍益明好、風雨時節人民安寧。強不臨弱、各得其所、無悪歳疾疫、無病痩者、兵革不起、国無盗賊、無有冤抂、無有拘閉者」(前掲書一九一頁)。

(10)このように私には思えるので、既述の別稿とは、この④の項目だけ、その出し方を異にしている。『大阿』と『正依大経』では、力点が移動しているということである。

(11)　前註（6）ならびに（10）をもう一度参照されたい。善をなして浄土に往生する、という観点が、『正依大経』においては大分と薄められているように感じるのは、私だけではないように思われる。弥陀浄土の様子を一般的に語って、その功徳を称揚し、そこへの往生を勧めることは確かなのであるが、それと善業とを直接的には結びつけずに、一般的な菩薩行に解消しているのが、『正依大経』の「三毒段」の性格であろう。この点で、『大阿』を受け継ぎながらも、より一定の方向への編集態度が見えているように思われる。こうした流れにのって、宗祖の本典への「三毒段」からの引用もなされ得たのであろう。いうまでもないが、宗祖の引用は、この「三毒段」の基本的性格に乗った上での引用ではない。

(12)　学術的な論考なら、当然にこういうための論拠を挙げていうべきであろう。しかし今私は、そういう煩わしさに絶えられない気分である。読めばわかる。興味ある読者は、各自で〈無量寿経〉の「五悪段」本文に当たられたい。

(13)　『正依大経』においてもほぼ同様の記述になっている。前掲聖典全書本一・六三頁参照。

# 第三章　三毒五悪段における中国的（儒教・道教的）表現について

## 一　はじめに

私に与えられた課題は右のとおりである。しかし、〈無量寿経〉の「三毒五悪段」には、特別なる中国的思想が体系的に述べられているわけではなく、儒教にもとづく重要な観念も、道教的な思想体系もほとんど認められない、といってよいと思う。したがって、儒教・道教といった中国思想の体系的な記述についての報告ではなくして、あくまで、研究課題の「中国的表現」に即してだけのまとめにすぎないものである。いわば、思想の周辺的な些細なことがらについての報告であるが、以下、少しばかり関連事項を整理しておきたいと思う。

「三毒五悪段」に認められる、多少なりとも中国的なことがらは、①仏教語の翻訳語ではないと考えられる漢語を極めて多く用いていることと、②道家（道教）の思想用語であるところの「道」と「自然」、あるいはそれらをつないだ「自然の道」とか「道の自然」とかいった句、またあるいは、それらのヴァリエーション的な用語・表現と、③「天神記識」という句でまとめることができると思われる、善悪の行為が記録されやがてはその行為者の寿命の長短に関係してくるという観念、これがすべてであるといってよかろう。それゆえ、この①②③の順でその具体的な内容をまとめておきたいと思うが、だからといって、反対に全編にわたって仏教思想が横溢しているというわけでもないので、その後に、④「三毒五悪段」に認められる仏教思想についても、少しく言及しておきたいと考えている。この部分の、浄土教思想からの異質性[1]を反顕して、その点から、全体として、記述全般が中国的である（本質的に浄土教とは強い結びつきを持っていない）ということを主張しておきたい。本段が、やはり中国的で、〈無量寿経〉としては本質的で中心的な部分ではない、と思われるからである。

なお、ここでの報告は原則的に、魏の康僧鎧訳として伝えられている『仏説無量寿経』（以下、便宜的に、前稿同様に『正依大経』と略称する）[2]の記述によって行う。

『大阿弥陀経』と『平等覚経』とを比較対照しながら読んだ結果にもとづけば、結局、『平等覚経』は、ことこの「三毒五悪段」に関しては、ほんの少しの語句の変更を除いては、『大阿弥陀経』とほとんど同文といってよく、最初に述べた断言が同じく当てはまる。そして、『正依大経』は、これら二本に比べて、だいぶんと整理され分量的に少なくはなっているが、本質的には『大阿弥陀経』の引き写し版か改良・編集版といってよいもので、これまた、大略同様の結論が得られる。こういう前提のもとで、いま私たちの研究会の性格からして、肝腎の課題は正依の大経を問題にすることにあると考えるからである。すなわちここに指摘することがらは、『大阿弥陀経』でも『平等覚経』でも同様に認めることができて、『大阿弥陀経』以来の性格であるということである。

## 二　翻訳語ではないと思われる漢語の表現

ここでは漢語による表現を整理してみたい。こういう表現があってもなくても思想内容に関してはあまり問題がないと思われるかも知れないが、こうした語が多用されるならば、全体としては、仏教典籍としての、特に、インドの典籍の翻訳文献としての性格が損なわれるように感じられよう。あるいは、場合によっては、翻訳においては使用されないような独特な内容を持つ語もあるかも知れない。しかし、そう簡単には結論がでないことがらであろうから、とにかく、こういう語の使用例があるという報告を第一にして整理するものである。

[3]薄俗《はくぞく》、屏営《びようよう》、憂毒忪々《うどくしゆじゆ》、縦捨《じゆしや》、棄捐《きえん》、靡散《みさん》（他の二訳には対応語なし）、家室《けしつ》・中外《ちゆうげ》、殃福《おうふく》（他の二訳は殃咎《おうぐ》）、窈窈冥冥《ようようみようみよう》、朦冥抵突《もうみようたいとつ》、貪狼《とんろう》（『平等覚経』だけは貪猥《とんわい》であるが、おそらく写誤であろう）、

恩好《おんこう》（他の二訳は恩愛）、昏矇《こんもう》（他の二訳は矇矇《もうもう》）、便旋《べんせん》、総猥憒擾《そうわいけにょう》、世間悤々《せけんそうそう》、憀頼《りょうらい》（他の二訳は聊頼）、怱務《そうむ》、虧負《きぶ》（他の二訳には対応語なし）、究暢《くちょう》（他の二訳には対応語なし）、謙苦《けんく》（『大阿』は勤苦、『平等覚経』は慊苦）、典攬《てんらん》（『大阿』は攬典、『平等覚経』は経典）、典攬（割と近い箇所に再出しているが、今度は他の二訳は典総とある）、剋賊《こくぞく》、殃罰《おうばつ》、怨枉《おんおう》（『大阿』は宛枉《えんおう》、『平等覚経』は悪枉）、眄睞《めんらい》、恐熱迫《くねつはつ》愶《きょう》（他の二訳は恐勢迫脅）、偃蹇《えんけん》（他の二訳は偃蹇）、辜較縦奪《こかくじゅだつ》（他の二訳は辜較諧声）、魯扈抵突《ろこたいとつ》（他の二訳は牴の字が抵）、職当《しきとう》、恢廓窈窕《かいかくようちょう》、煢煢忪々《けいげいしゅじゅ》、欺紿《ごだい》

「三毒五悪段」には、このような漢語が頻出している。『大阿弥陀経』や『平等覚経』には、『正依大経』と対応していない部分がかなりあるが、そこでの用語は一切採用していない。あくまで『正依大経』に出てくるものだけをここに示している。この対応部分のないところをも問題にするならば、右の語句にさらに多くの例を追加するだけである。この『正依大経』と対応なしのところに、「阿弥陀仏国への往生」と「泥洹《ないおん》」という語あるいは観念が見られるが、こうした用語や観念は、三訳共通部分にもすでに当然に認められるものであるから、ことさらここだけの新しい思想というわけではない。ゆえに、対応していない『大阿』や『平等覚経』の記述を考慮しても、ただ漢語の羅列を追加するだけで、何等新しい問題は生じてこない。

もちろんのこと、こうした用語の使用が、ただちにこのところの中国編集を証拠立てるものにはならない。右に出した語に近いような言葉が、それ以前の翻訳経典に用いられている場合もある。しかし、ここにきてこうした用語の極端なる多用といった事実は、かたち的には、本段の編集における特殊事情を物語るものといえなくもない。あまり学術的な言い方ではないが、『浄土真宗聖典註釈版』（以下註釈版と略す）の当該部分の脚註を見て欲しいと思う。ここでは、難語といえる漢語の意味を示す脚註がほとんどで、仏教語としての内容解説をしているものはごくわずかである。それは「泥洹」と「法王」と「五道」と、それから「両舌悪口妄言綺語」の四種のみであり、私にいわせれば、何もここで是非ともそれらを註記しなければならないといった重要語ではない。その他は、みな漢語の語意をいうだけの註記なのである。

こういった用語の本来の意味を少しばかり離れて、浄土教あるいは仏教一般の意味を持たせて解釈することも可能であろう。(4) このようにして、『正依大経』は、「三毒五悪段」の前後の部分と齟齬がないように接続せしめているように窺えるが、それでも、最後まで違和感はなくなっていないと思う。たとえば、「努力勤修善精進願度世可得極長生。如何不求道」（努力めて善を勤修し精進して度世を願じ、極長の生を得べし。如何ぞ道を求めざらむ）という表現がある。(5) これは「度世」を「浄土に往生すること」と理解するから、「極長の生」も「道」も仏教的な意味になってくるが、はじめから語義どおりに、「世俗を超越して仙人になること」と理解したとすると、表現全体がまるきり違った意味になるであろう。かかる語句を多く使用して、「世の人が薄俗であって不急の事を諍う」相が延々と説かれる。あるいはまた、「悪逆無道により殃罰をうけて自然に趣向」する相がくり返し語られている。すなわち、こういう語句の使用によって、何ほどか仏教の深い思想が語られ得るかといえば、それはかなりあやういのではないかといいたいのである。そうするためには、こういった用語使用の中で、仏教思想として矛盾なくまとめてゆけるだけのかなり強力な仏教思想体系がなければならない、と思われる。が、そういう思想体系は見当たらないのである。もっとも、これは最後の項にて語るべき内容であるから、今は深入りをさけておきたい。

ともかく、表面的にはあまり仏教的とはいいがたい用語が頻出するということである。

## 三　とくに道教的な表現

必ずしも道教だけで用いられるというわけでもないが、道家・道教においてよく使われる術語をピックアップしてみよう。ただ単語というだけではなく、ある特徴的な観念になっているような表現のみを出すことにする。

「道徳」は、少しずつ意味を異にしながら六回の用例を見る。[6] 格別に道教のいう「道」とそれにもとづく「徳」ということに限定されずに、真実、あるいはもっと漠然とした正しい行為とその功徳といった意味で、より幅広い意味で使用されていると思われる。が、この語がこの段に六回も用いられていることは注意しておいてもよいであろう。意味的には「徳」の一字で十分であろうと思われる文脈でありながら、「道徳」の語が用いられているのは、このところの全編にわたって多用される道の語と同じ意識下での使用といえるであろう。

それは、「善悪の道」という句や「道教」という用語が用いられることとも軌を一にすることであろう。その他の語を拾えば、「道之自然」（聖典全書一・五一頁、以下も同様）、「大道」（五四頁）、「天道自然」（六〇頁）、「天道」（六三頁）等に道の語が用いられている。これまた当然ながら、道家・道教での概念がそのまま用いられているのではない。しかし、基本的には、こうした用語にも、もともとの意味が少しは意識されているに相違ない。自然の語とともに用いられ、「大」あるいは「天」の形容語がつけられていることを考えるべきであろう。天や大や、自然の語は、道がただの手段・方法やさとりの果を意味するに止まらず、「宇宙の本体にして根源」、「天地・万物を生み出す創造主」[7] たる道につながるものである。

こうした用語・観念を用いる「三毒五悪段」は、このようにして中国的あるいは道教的な色彩を有していることができよう。

また、右の表現の中にもすでに出てきたが、「自然」という道教に特有の言葉が本段にも数多く用いられている。この語の本質的な意味あいは、別の研究メンバーの研究課題となっているから、ここでの詳しい言及はさけておくが、特徴的な自然の用例の指摘だけはしておきたい。自然の語を用いずともよいと思われる箇所にも、わざわざこの語が使用されていることは、この語の強い影響下において「三毒五悪段」の編集がなされたと考えられる根拠となるからである。すなわち、これまた中国的な特徴といってよいと思う。

道家の思想の特徴を一言で示すような重要語「無為自然」は、二回の用例を見る(8)（五六頁と六三頁）。これで阿弥陀仏の浄土の特性をいうのであるから、本来の意味とはほど遠いものがあるが、苦もなくこういう語を使用しているということである。

その他、自然を用いた用語では「罪報自然」（六〇頁）、「数之自然」（六二頁）、「福徳自然」（六四頁）がある。「数（ことわり）」＝道理とは、註釈版の脚註がいうように、ここの文脈では、「善悪因果の道理」を意味しているから、これらすべては、仏教的には業とその果報の必然性をいうのであって、ことさらに自然の語を用いる必然性はない、あるいは、自然の語は「自動的に」という程度の意味で、ここにある必要性はない、といえよう。とくに、「数之自然」とは、本来は天地自然《しぜん》の法則性をいうものと思われる。(9) それにもかかわらずこの自然の語がこのように多用されるのは、それなりの環境がそうさせるのであろうが、これは前述のように、この方の分担研究者にまかせることにしよう。

さらにもう一つ指摘しておきたいことは、天道という語の用例や「数之自然」ともかかわる天の観念についてである。「妄損忠良不当天心（妄りに忠良を損じて天の心に当らず）」（五八頁）という表現が出る。註釈版は、「天地のことわりに背く」とごく当たり前の註記をしているが、宇宙の運行を司る天神の意思に反する政治（本来政治は天の心に則して行うもの）がなされたから（主上の不明によって忠良を損じたあやまった政治が行われたから）、それを「天の心に当らず」といっているのである。単純に因果の法則に反するといった意味ではないのである。これも、本来は中国に固有な天の思想・観念を土台にしている記述であろうと思う。

以上、道教に特有な語句あるいは表現と思われるものを検討してきた。もちろんこれらが本来の意義そのままにして使用されているのではないが、もともとの意味を何ほどか受け継ぎながら用いられていることは、この「三毒五悪段」を通読してみればよく理解できよう。そして、こういう用語・表現を採り入れながら、ここに表明されている仏教思想といえば、非常に微弱なものしか浮かび上がってこないように感じる。あえて仏教的に理解して全文を把握するとしても、ここでの記述内容は、「天道自然」「無為自然」の語の前では、一挙に解消してしまう程のものといったら、言い過ぎであろうか。

## 四　独特な表現

次は第三番目の項目である。まずは最初に断ったように「天神記識」という語でまとめられるような表現についてである。この観念は何度もくり返し出ている。すなわち、

①神明記識犯者不赦（神明は記識して、犯せば赦さず）（五七頁）
②今復為悪天神剋識別其名籍（今また悪を為せば、天神は剋識してその名籍を別つ）（五八頁）
③如是之悪著於人鬼日月照見神明記識（是くのごとき悪は人・鬼に著され、日月も照見し、神明も記識す）（五九頁）
④如是衆悪天神記識（是くのごとき衆悪、天神記識す）（六〇頁）
⑤又其名籍記在神明（またその名籍、記して神明に在り）（同右）

という五箇所が認められる。この天神あるいは神明が善悪の業（ここでは悪業だけであるが）を記録しておくといった思想は仏教にはない。これは明らかに道教からきた思想である。天神が悪業を記録してその分だけ寿命を減らす（このところでは、寿命を減らすという観念は明確には述べられてはい

ないが）というのは、いわゆる民間の道教信仰の一つの柱である。仏教の「自業自得」の思想を正しく理解すれば、ここに、天神やそれによる「記識」や「名籍」などが入る余地はない。これを理解した上で、民間信仰を利用して本経を弘めようとしたのなら、そのことは、こういう道教の信仰が強く行われているところでの「三毒五悪段」の編集を物語るものであろう。

右の観念を基礎において考えれば、世間でのうらみごとが、

結憤精神自然剋識不得相離（憤りを精神に結び、自然に剋識してあい離るることを得ず）（五二頁）

というときの「自然に剋識して」というのも、天神が名籍に剋識して、と理解することが可能であろうし、

努力勤修善精進願度世可得極長生。如何不求道（努力めて善を勤修して精進して度世を願じ、極長の生を得べし。如何ぞ道を求めざらむ）[10]（五三頁）

という記述も、同様にして、行為を正しくして長い寿命を得るよう心がけよ、という道教信仰にもとづく極めてありふれた言明として理解できなくもない。『正依大経』には相当部分を欠いているところであるが、『大阿弥陀経』には、「五悪段」の結びのところに、

求欲不死即可得長寿（求めて不死を欲すれば即ち長寿を得べし）[11]

という表現がある。これなどは、このままでは、行為を正しくして極めて長寿なる長生を得て、仙人になることができる、という意味であるし、不死＝涅槃ととって、浄土往生してから成仏の果を得ると理解するのは、あくまで浄土教というワクの中で、阿弥陀仏の浄土への往生という概念にもとづいて理解するから可能になることであろう。

あるいはまた、

其寿未尽便頓奪之下入悪道（その寿いまだ尽きざるに、すなはち頓ちにこれを奪ひ、悪道に下り入りて）（五四頁）

という表現は、「頓ちにこれを奪ひ」ということで、天神が、名籍の記録にもとづいて本来の寿命を奪い減らして、と読めるであろう。

こうした表現を、直ちに右のように本来の意味で理解すべしと主張するものではないが、こうした特殊な色合いのついた記述が、「三毒五悪段」には多く見られることを指摘しているのである。

さらに、

悪逆無道後受殃罰（悪逆無道にして、のちに殃罰を受けて）（五七頁）

という表現があり、その少し後には、

善悪禍福追命所生（善悪・禍福、命を追ひて生ずるところ）（五八頁）

という記述がある。このところの、「殃罰」あるいは「禍福」という観念は、本来の仏教にはないもので、これも、道教信仰の中でよく用いられる用語・表現であろう。いみじくもこの善悪・禍福云々の表現は、『大阿弥陀経』では、「善悪福徳殃禍讁罰追命所生」[12]となっている。「殃禍」と「讁罰」の語に注目すれば、第二項に示したように、これらが仏教用語ではなく、右の「天神記識」を語って寿命の長短をいう中で用いられてきた観念であることは歴然としている。

いうまでもないことながら「無常」は仏教の基本的な思想である。「諸行無常」と熟せられて三法印・四法印の教説となっている。この四字句で、主語が諸行とあるように、これは仏教の諸法の見方・捉え方を示すものである。こうした常識的な見方をもって、

顚倒上下無常根本（顚倒上下することは無常の根本なり）（五三頁）

という記述をながめると、一瞬ながらとまどうものがある。これは老少の順で死んでゆくわけではなく、命はいつ絶えるかもわからない。いわゆる「老少不定」を語っているにすぎない。「顚倒」という仏教の常識的な使用例（四顚倒を思うべし）に反し、「無常」の本義に逆らった記述となっているのである。ここでの無常は、単に「命のあり方」といった意味で、人間の死はもちろん無常の代表例ではあろうが、無常そのものでもないし、仏教的には、死を無常に置き換えて意味が通じるものではなかろう。

こうしたいわば矛盾を極めて単純に乗り越えてしまっている。私には、この表現にも、やはり中国的な生命観が見え隠れしているように思われてならない。

## 五　「三毒五悪段」における仏教思想

本段における仏教思想は、基本は業因業果の思想である。これを「業道自然」と表現するもよし、伝統的な「自業自得」あるいは「善因楽果、悪因苦果」の思想といってもよかろう。少しく問題のある表現となっていて、記述どおりには理解できない部分もあるが[13]、善業には善い報いがあり悪業には悪い報いがあるから、善業を行うよう努めよ、というのである。そして、悪業の代表として三毒・五悪が語られ誡められているのである。この三毒に関しては、仏教的には貪・瞋・癡の三毒の煩悩が考えられるが、どうもこれとストレートにかかわるものではないようである。古来より「三毒段」と称して、この三毒の煩悩にもとづく悪業といった意味あいで理解されてきたようであるが、記述は錯綜していて、貪・瞋・癡の三毒の煩悩によってここを整理する合理的な理由はないように思える。五悪といった概念も、仏教にはもともとないように思われる。したがって「五痛」とか「五焼」といった用語も同様であって、この「五悪段」で語られるだけのものである。とにかく雑多なる人間悪を五種に整理して語っているだけで、その分類に関して、五戒も五常も本質的にはあまり関係がないと思う。

こういう雰囲気の中で、唐突に（私にはそう思われる）阿弥陀仏信仰が語られてくるのであるが、これが「三毒五悪段」における二つ目の仏教思想である。では、この内容を、出てくる順にしたがって項目的に羅列してみよう。

①無量寿国（安養国）の安楽・清浄の様子とそこへの往生(14)

②「至心願生安楽国」の語が出ること(15)

③法王であり天人師である無量寿仏の声を聞いて歓喜極まりないこと(16)

④「三毒段」の結びに、教えを弘め衆生を救う仏の行動をいい、弥勒の菩薩行をいうこと(17)

⑤同じく「三毒段」の結びの最末に、辺地の七宝の宮殿に生まれることをいうこと(18)

⑥無量寿国等の他方仏国とこの世界で善を為すことの困難さの比較(19)

⑦よく知られている、「兵戈無用」の句が出る仏国のありさま(20)

という七箇所ほどが得られる。以下、少しずつ内容を解説してみよう。

①は、「往生安養国」と出て、その安養国の様子が「悪趣自然閉」とか「易往而無人」とかの句で説かれているところである。宗祖が「信文類」に引いて名高いところである。けれども、ここの安楽

世界についての記述に、格別に深い内容があるかといえば、それほどのものはないといってよいであろう。安楽、清浄、悪趣のない世界という以外には、ことさら特別のことは説かれていない。横超断四流という特別の思し召しで見て、宗祖はここを引いているわけであるが、これは、これより前の〈無量寿経〉の教説を受けての記述としてここにあるだけであって、この内容が「三毒五悪段」と密接にかかわり合っているものではないといえよう。

②は、これまた宗祖が「信文類」末に引用しているところである。註記に出したものが全文で、宗祖は、信心を得たものの徳が示されていると考えたから引いているのであろうが、浄土に往生した者が「智慧明達功徳殊勝」といっているにすぎない。このような功徳の浄土であるから、そこへの往生をめざして善を行えと、これまた本段の通常の言いぶりに戻るだけである。

③は、②と同じ段の末尾にある表現で、右に出した項目以上に出る内容はない。一般的に仏というものを解説して、そういう仏としての「無量寿仏の声を聞いて歓喜する」ことが説かれているにすぎない。もちろんのこと、「功徳の名号を聞いて」といった意味はまるでない。

④も、格別なものは何もない。善をなしたなら、仏に値遇して、経法を聞くことができるし、無量寿を聞く（これは②の用例から、やはりその仏の声を聞くということであろう）ことが可能になって、歓喜極まりないといっているだけである。

⑤は、少しばかり注目すべき表現である。いわゆる方便化土が説かれているといってよい。「疑惑」「辺地」「七宝宮殿」「五百歳」といった用語によって、この化土のありさまを説いている。しかしこれは、宗祖が何もふれる所ではない。註釈版は、胎化段に説かれる化土がここでも示されていると見ているのであろう、疑惑の目的語として「仏智を」と補っているが、ここは文脈上、「これまで勧められてきた善をなせ、悪をするなという教え」ととるのが通常の解釈ではなかろうか。それにしても、その他の三語は、いかにも化土の特徴をあらわすものであるから、一応は、ここでも方便化土の思想が説かれているとみることができる。しかし、化土に往生して五百歳の間、「諸の厄を受ける」という表現は、少しばかり胎化段の表現とは齟齬を来している、といえよう。「常不見仏不聞経法」こそが胎生の本質であり、それを「諸の厄を受ける」とすることはできないはずである。よって、これはうわべだけ化土の思想を採り入れたにすぎないであろう。宗祖が引かないのは、このあたりの事情をくみ取ったのであろうか。とにかく、ここの記述が「三毒段」に是非とも必要であるようには認められないのである。

「五悪段」においては、仏教思想は「三毒段」以上に、認めがたいといえよう。浄土教的な色彩もほとんどないといってよいと思う。すなわち⑥は、善をなせ、悪を行うなという教説の中で、この娑婆世界での善行がいかに価値ある行為であるかを示そうとして、「正心正意斎戒清浄一日一夜、勝在無量寿国為善百歳（心を正し意を正して斎戒清浄なること一日一夜すれば、無量寿国に在りて善を為すこと百歳するよりも勝れたり）」（六三頁）といって、浄土は善の国であると、間接的に語っているにすぎない。だから、ここにもことさらな浄土思想が見られるというわけではない。

⑦も、これまでの教え（教誡）を示されてきた仏を讃えて、その国土が清浄で平和な世界であるというにすぎない。仏国土の様子を記述しているということで、ここにあげてはおいたが、ことさらな仏教思想というほどのものではない。かえって、表現そのものは、中国人の現実に即した国土観が、漢語的表現で語られているといってよいものである。「仏」の一語がなければ、必ずしも仏国土のありさまととる必然性もないような表現になっている。

このように、本段での仏教思想は、格別なものは何もない、といってよい。少しあやしい業の思想と、阿弥陀仏信仰につなげるために、無量寿仏とかそこへの往生とか、往生した後の功徳とか、あるいはまた、方便化土らしき言葉をちりばめて、浄土教的な色彩を付加しているだけのものといえよう。三毒・五悪の生活を捨てれば、こうした仏国・浄土の楽が得られると、それを強調するための材料でしかないように感じられる。したがって、本項の検討を通してみても、〈無量寿経〉全体の中で、この部分は、やはり少し異質であるように思われる。

## 六　まとめ

以上、最初に掲げた項目にしたがって記述してきた。最後に、与えられた課題に即して、全体をとりまとめて本稿を終えることにしよう。

「三毒五悪段」には、ことさらな体系だった中国の儒教思想も道教思想も主張されてはいない。けれども、終始、中国的な、とくに道教的な用語・概念で語られているから、全体の印象は仏教の典籍ではないように見える。あくまで、漢語本来の意味で経文を理解しようとすれば、道教的な、善行と長寿の思想を語っているような文献としても読める。

これをかろうじて防いでいるのが、仏教の業に関する思想で、悪業は禍をもたらし、苦につながり、さとりを得させなくするから、仏国に往生して、安楽を獲得するためには、善業に努めよ、と教えている。しかし、この業思想は、まったくの「自業自得」の思想であるから、浄土教と必然的につながっている思想ではない、といわねばならない。これでは、もちろんのこと浄土教的な色彩を持ち得ず、〈無量寿経〉の一部を占めることがかなわないから、本段前後の、阿弥陀仏信仰にかかわる概念（言葉）と思想とを持ち来たって、この落差を埋める作業がなされているのであろう。それが、結局、前項で検討したような仏教的要素となって形になったのであろうと考えられる。『大阿弥陀経』『平等覚経』は、いまだこの作業は中途の段階にあるように思う。

『正依大経』では、「三毒五悪段」はこれら先行の二訳を文脈も用語もそのまま受け継いでいるものであるが、右の作業に齟齬する部分とか用語とかは十分に整理され、全体的に矛盾するような記述は取り払われている。その上で、前後の段からの思想を援用して、よりスムーズな連結をなしている。この点で、『正依大経』は成功しているとはいえようが、それでも、本段の存在意義は、やはり少しばかり曖昧のままで残っているように感じられる。

ということで、「三毒五悪段」における仏教思想は、はなはだ脆弱で、表面上の中国的な、特に民間信仰的な長寿・延命思想、あるいは長生の思想の要素の方が、まだまだより強く窺われる。だから、「三毒五悪段」を〈無量寿経〉全体の中でどう位置づけて把握するかは、なかなか厄介な問題として、依然として残っていると思われる。が、これは、私の直接的な分担課題ではないので、今はこの辺で本稿を閉じることにしよう。

## 註記

（1）第五項にて報告するように、「三毒五悪段」においては特別重要な仏教思想は説かれていないといってよい。あるのは善悪の行為に対する苦楽の果報が必ずあるという、いわば自業自得の観念のみといってよい。これは、浄土教思想にとっては本質的なものではなかろう。善業をなしてもなしてもよい報いが得られないからこそ阿弥陀仏の浄土での救いを希求する必然性があるわけで、これと浄土教の本質的な関連はないといえる。この段に述べられている思想で重要なのは、私たち人間は、三毒・五悪で象徴的に語られる悪と必然的に結びついているという人間観の表明だけが浄土教にかかわる、と私には思われるのである。

（2） 残念ながら、この『正依大経』を魏の康僧鎧訳としては認めがたい。私は、時代から見て、あるいはこの「三毒五悪段」の比較研究を通してみても、この方の専門家がいう、仏駄跋陀羅・宝雲共訳説が妥当であると考えている。「三毒五悪段」は、明らかに『大阿弥陀経』と『平等覚経』のそれを受けているし、その改良・編集版であることは以下の本文に記すとおりである。

（3） 二〇一三年（平成二十五年）三月刊行の浄土真宗聖典全書一の五一頁。振り仮名は註釈版による。以下、一々の箇所の指摘を省略する。「三毒五悪段」は、右聖典全書一の五一頁（四行目）～六四頁（一三行目）であるから、すべての用語はこの範囲の中にある。『真聖全』では一・三一頁～四二頁である。

（4） たとえば、「道徳」という語はいうまでもなく『老子』に出る用語である。それを、「さとりの功徳」と理解することは、これが阿弥陀仏国での求めるべき理想と解するからであり、これはそれなりに当然の解釈であるが、「先人・祖父もとより善を為さず、道徳を識らず、身愚かに神闇く・・・」という（前掲聖典全書五三頁による筆者の書き下し）ときの道徳も同じように解釈するのは、少しばかり考えすぎであろう。あるいは、「楽処」を「人天」と解し、「苦毒」に注して「地獄・餓鬼・畜生の三悪道」とするのも、私はやり過ぎと考える。しかし、このような解釈をつなげていって矛盾が露呈しないように接続すれば、何とか今の『正依大経』に近づけることができようというのである。

（5） 前掲の聖典全書一・五三頁。

（6） 同じく聖典全書一でその使用箇所を示しておけば、五一頁、五三頁（三回）、五六頁、五八頁である。念のために記しておけば、『正依大経』における用例はこれで全部である。したがって、この語はすべて「三毒五悪段」のみに出るということである。

（7）カッコに入れた二つの表現は、浅野裕一著『諸子百家』（講談社学術文庫）五九頁による。

（8）最初の用例は、『正依大経』のみにあって、『大阿弥陀経』と『平等覚経』には用いられていない。しかし、二度目の用例は三訳共通にあって、ともに無量寿仏国の特性として「無為自然」がいわれている。それゆえに、これによって、最初の方も、浄土の特性として『正依大経』がこの語を付加したと考えれば、格別問題はないであろう。

（9）講談社現代新書、森三樹三郎著『「無」の思想』の七〇頁～八九頁を参照されたい。そこには「理数自然」という名目で、天地山川等の法則性が、五行説や天の観念と関係させて解説されている。

（10）この表現は、第二項にすでに出したところである。そこでの言及もあわせて参照されたい。

（11）前掲聖典全書一・一九一頁。

（12）同右五四頁。

（13）「三毒五悪段」、特に「五悪段」における差別的表現に関しては、これまでの本派本願寺刊行の各種聖典において、必ず注記をし、あるいは「聖典の拝読について」等で断ってきたところである。これらの記述をそのまま肯定して差別を助長するような意図はまったくないと。本研究においてもこの姿勢に変化はなく、この記述内容そのままの業に関する思想を肯定し、それがたとえば「善因楽果、悪因苦果」であるなどと主張しているわけではない。いうまでもないことであろうとは思うが、念のため一言しておきたい。

（14）ここは宗祖が「信文類」末に引用されているところで、その表現を漢文だけであげておけば、「必得超絶去往生安養国、横截五悪趣悪趣自然閉昇道無窮極。易往而無人、其国不逆違、自然之所牽」（聖典全書一・五一頁）とあり、極めてよく知られたところである。

(15) 同じように原漢文を示せば、「其有至心願生安楽国者、可得智慧明達功徳殊勝」(同五四頁)。

(16) 同じく「仏為法王尊超衆聖。普為一切天人之師随心所願皆令得道。今得値仏、復聞無量寿仏声靡不歓喜、心得開明」(五五頁)。

(17) ここは仏教のことを語っていることは明確であるが、それらしき仏語がいくつか出るだけで、格別深い教理内容が示されているわけではない。目につく表現としては、「与仏相値聴受経法、又復得聞無量寿仏。快哉甚善」(前掲聖典全書一・五五頁)がある。

(18) 原文は、「無得疑惑中悔自為過咎、生彼辺地七宝宮殿、五百歳中受諸厄也」(五六頁)。

(19) ここは、「五悪段」の結びのところで、善をなし徳本を植えることを勧めている部分である。その中に、無量寿国等は善世界であって、善をなすことは容易であるが、この世界はそれが非常に困難であると、両者を比較しつつ述べられている。それだけこの世界で善をなすことが大変であるけれども、それゆえにかえって功徳があると、善を行うことを強調しているのであろう。

(20) 原文は、「仏所遊履国邑丘聚靡不蒙化。天下和順日月清明風雨以時災厲不起。国豊民安兵戈無用。崇徳興仁務修礼譲」(六四頁)。

# 第四章　『大阿弥陀経』三毒段・五悪段の書き下し

底本は『浄土真宗聖典全書一』所収本で、その一七一頁十一行目から一九二頁十一行目までで、ここに収めたのはその書き下し文である。右の第二・三章に掲げた論考をまとめるために論者が独自に作成したものであるが、少しは他の人にも役に立つかと思い、収録するものである。

大体はその底本の漢字にしたがっているが、本講本のテキスト同様に、新旧漢字のあるものは、原則的に新字にしている。そして読解の便宜のために、仮名に改める部分もほぼ同様の扱いにして、難語にはできるだけ多くルビを加えている。

三十一から四十の科段番号は、『正依大経』との対照を容易にするために、註釈版の科段番号を用いている。もちろん、『大阿』の本文にあるものではない。

【三十一】　仏、阿《あ》逸《いつ》菩薩に語りて言《のたま》はく、諸《もろもろ》の八方上下の無《む》央数《おうしゅ》の諸天・人民・比丘僧・比丘尼・優婆塞・優婆夷は、阿弥陀仏の国に往生して衆等大会す。皆ともに七宝の浴池水の中において、すべてともに人々は悉《ことごと》く自《おのず》から一の大蓮華の上に坐して、皆悉く自《みずか》ら道徳・行善を陳《の》ぶ。人々、各おの自らその前世宿命に道を求めし時の、戒を持《たも》ちて作す所の善法、従来するところの生の本末、その好憙《この》むところの経道、経を知れる智慧、施行《せぎょう》するところの功徳を説き、上《かみ》より下《しも》に次《つ》いでうたた皆遍《あまね》し。もつて経に明と不明と有り、智に深浅《じんせん》・大小有り、徳に優劣《うれつ》・厚薄《こうはく》有ることは、自然の道の別なりと知り、才能・智慧の健猛《ごんもう》なると、衆相観照すると、礼義和順なると、皆自《おのず》から歓喜し踊躍《ゆやく》すると、智慧に勇猛《ゆうみょう》有るとは、各《おの》おのあい属逮《およば》ずと知る、と。

仏言はく、その人、ことに予《あらかじ》め徳を作さず、善を為すを軽戯《きょうげ》して然らしむることを信ぜず、徙倚懈怠《しいけだい》なれば、ためにもつて爾るべく、時に至りて都集《あつ》まりて経道を説けども、自然に迫促せられて応答遅晩なり。道智卓殊超絶にして才能高猛ならんとするも、独り辺羸《へんるい》においてして事に臨みてすなはち悔ゆ。悔ゆる者《とき》はすでに其を出だして後《のち》なれば、まさにまた何の益かあらん。ただ心中悷恨《れいこん》して等しからむと慕及するのみ、と。

仏言はく、阿弥陀仏の国の諸の菩薩・阿羅漢衆等の大聚会《じゅえ》は、自然に都集まりて、心を拘《とど》め意《こころ》を制し、身を端《ただ》し行を正し、遊戯《ゆげ》洞達《どうたつ》して、ともにあい随ひて飛行し翻輩《ほんぱい》出入す。供養すること極まり無く、歓心喜楽し、ともに経を観じ道を行じ、和好し久しく習《な》れて、才猛《たけ》く智慧あり。志は虚空のごとくにして精進して求願し、心ついにまた中徊せず意ついにまた転ぜず、ついに懈の極まる時有ること無し。道を求むるに外は遅緩のごとくなりといへども内は独り急疾にして、容容として虚空のごとく、まさにその中《ちゅう》を得て中表相応す。自然に厳整に、撿斂《けんれん》端直に、身心清潔にして、愛欲有ること無く、適貪するところ無くして、衆悪瑕穢《かえ》有ること無し。その志願は皆各おの安定し姝好《しゅこう》にして、増欠減無し。道を求むるに和正にして、誤りて邪に傾《かたむ》かず。道法を准望し、経に随ひ令に約《ちか》ひ、あへて違《たが》ひて蹉跌《さてつ》せず。もしは八方上下において辺幅有ること無く、自在に欲するところに至り到りて無窮無極なり。咸然《かんぜん》として道を為し、恢廓《かいかく》および曠蕩《こうとう》にして道を念じて他の念無く、憂思有ること無し。自然無為、虚無空立、恢安無欲にして、善願を作得して、心を尽して求索し、哀を含みて慈愍し、精進して中も表も礼・義にすべて合す。通洞して違すること無く、和順副称し、表裏を褒羅《ほうら》し、過度し解脱して、よく泥洹に升り入り、長へ《とこしな》に道徳と合明し、自然にあい保守す。快意、これ真を滋《しげ》らし、真を滋らして了《あき》らかに潔白なり。志願無上にして、清浄、これ安定して、静楽、これに極まり有ること無く、善好なること比《たくら》ぶもの有ること無し。巍巍にこれ燿照し、燿照してたがひに開達明徹なること、自然の中の自然の相、これを然らしむるに根本有り。自然より五光を成じ、五光より九色に至り、九色参《まじ》はり佪転して数百千にさらに変ずること、欝単《うったん》の自然なり。自然より七宝を成じ、横《よこさま》に攬《と》りて万物を成じ、光精《こうせい》参はり明らかにしてともに好を出す。はなはだ姝《しゅ》にして極まり有ること無し。その国土のはなはだ姝好《しゅこう》なることかくのごとし。

何ぞ力《つと》めて善を為し、道の自然を念じ、上下無く洞達して辺幅無きことを著《あらわ》し、志を虚空の中に捐《す》てざる。何ぞ各おの精進し努力して自ら求索せざる。超絶して去《す》つることを得べし。阿弥陀仏の国に往生すれば、横に五悪道を截り、自然に閉塞して、道に升り之《ゆ》くに極まり無きに、往き易くして人有ること無し。其の国土逆違せず、自然の随牽なれば、何ぞ世事を棄てて行じて道徳を求めざる。極めて長き生を得て、寿に極まり有ること無かるべし。何為《なんすれ》ぞ世事に著《じゃく》して譊譊としてともに無常に憂思せん。世人薄俗《はくぞく》にしてともに不急の事を諍ふ。ともに是において劇悪極苦の中に処して、身を勤《くる》しめて生を治めんとしてもつてあい給活す。尊と無く卑と無く、富と無く貧と無く、老と無く少と無く、男と無く女と無く、皆まさにともに銭財に憂へて、有無同然なり。憂思まさに等しく、屏営《びょうよう》として愁苦し、念《おもい》を累ね思慮して、心の使走するところと為りて安き時有ること無かるべし。田有れば田に憂へ、宅有れば宅に憂へ、牛有れば牛に憂へ、馬有れば馬に憂へ、六畜有れば六畜に憂へ、奴婢有れば奴婢に憂ふ。衣被・銭財・金銀・宝物有れば、復ともにこれに憂ふ。思《おもい》を重ね息を累《つ》み憂念して愁恐す。横に非常の水火、盗賊、怨主、債家の漂焼し繋ぐところと為り、唐突に没溺《もつにゃく》して、憂毒忪々《しゅじゅ》として解くる時有ること無し。憤《いきどお》りを胸中に結び、気を稸《たくわ》えて恚怒《いぬ》し、病胸腹に在りて、憂苦離れず。心堅く意固くして、まさに縦捨《じゅしゃ》すること無し。あるいは摧蔵《さいぞう》するに坐《よ》りて身を終へ命を亡ぼす。これを棄捐《きえん》して去りて誰も随ふ者なし。尊貴・豪貴・貧富にもこの憂懼《うく》有り。勤苦かくのごとし。衆の寒熱を結びて痛みとともに居す。小家・貧者も窮困苦乏す。田無ければまた憂へて田有らんことを欲し、宅無ければまた憂へて宅有らんことを欲し、牛無ければまた憂へて牛有らんことを欲し、馬無ければまた憂へて馬有らんことを欲し、六畜無ければまた憂へて六畜有らんことを欲し、奴婢無ければまた憂へて奴婢有らんことを欲す。衣被・銭財・什物・飲食の属無ければ、また憂へてこれ有らんことを欲す。適《たまたま》一つ有ればまた一つを少《か》き、これ有ればこれを少いて、有ること斉等ならんことを思ふ。適小《わず》かに具有すればすなはちまた儩尽《しじん》す。是くのごときの苦生ず。まさにまた求索し思想すれども益無かるべし。時に得ることも能はず。身心ともに労して坐起安からず、憂意あい随ひて勤苦かくのごとし。心を焦《こが》し恚恨《いこん》を離れずして独り怒る。また衆の寒熱を結びて痛みと同居す。ある時はこれに坐《よ》りて身を終へ命を夭《そこな》ふも、また善を作し道を為すを肯《がえん》ぜず。寿命終《つい》に尽きて死すれば、皆まさに独り遠く去るべし。趣向するところ有れども、善悪の道、よくこれを知るものなし。ある時は世人の、父子・兄弟・夫婦・家室・中外の親属として、天地の間に居してまさにあい敬愛《きようあい》すべく、まさにあい憎むべからず。有無にまさにあい給与すべく、まさに貪惜《とんじやく》有るべからず。言色まさに和してあい違《い》戻《らい》することなかるべし。あるいは儻《も》し心に諍《あらそ》ひて恚怒《いぬ》するところ有らば、今世の恨《うらみ》の意《こころ》は微《かすか》にしてあい嫉憎《しつぞう》すれども、後世にはうたた劇《はげ》しくして大きなる怨《あだ》と成ることを致す。所以《ゆえ》は何ん。今のごときの事、さらにあい害せんと欲して時に望みて急にあい破るべからずといへども、然もこの愁毒は憤りを精神《しようじん》に結び、自然に剋識《こくし》してあい離るることを得ず。皆まさに対相して生じ、値ひて更《こもごも》あい報復すべければなり。人、世間の愛欲の中に在りて、独り往き独り来り、独り死し独り生れて、まさに行きて苦楽の処に至るべし。身自らこれに当りて代る者有ること無し。善悪変化して殃咎《おうぐ》の悪処、宿予《あらかじ》め厳しく待ちてまさに独り升入すべし。遠く他処に到りて、去りて何れのところに在るかをよく見るものなし。善悪自然にして行に追逐《ついちく》して生ず。窈窈冥冥《ようようみょうみょう》として別離久しく長し。道路同じからざれば会ひ見ること期《ご》無く、はなはだまたあい値ふことを得がたし。何ぞ家事を棄てて、各おの強健《ごうごん》の時に曼《およ》びて、努力して善を為し力《つと》めて精進せざる。度世を求むれば極めて長寿を得べし。ことに肯て道を求めずして、また何をか須待《しゅたい》せんと欲し何の楽をか欲するや。

是くのごときの世人、善を作して善を得ることを信ぜず、道を為して道を得ることを信ぜず。死して後世にまた生ずることを信ぜず、施与してその福徳を得ることを信ぜず。すべてこれを信ぜずして、しかももつて然らずと謂《おも》ひてついに是《ぜ》すること有ること無し。ただこれに坐《よ》るがゆゑにしばらく自らこれを見、たがひに代《かわ》るがわる聞き、前後相続し、うたたあい父の余《のこ》せる教令を承受す。先人・祖父素《もと》より善を作さざれば、本より道を為さず、身愚かに神《たましい》闇《くら》く、心塞がり意閉ぢて、大道を見ず。ことによく人の死生を見ること有ること無し。趣向するところ有れどもまたよく知る者なし。まさに善悪の道を見ること有ること無く、また語る者も無し。ために善悪を作すをもつて、福徳・殃咎・禍罰、各おの自ら競ひてこれがために用《ゆう》を作すも、ことさらに怪しむこと有ること無し。死生の道にうたたあい続立するに至りて、あるいは子、父を哭し、あるいは父、子を哭し、あるいは弟、兄を哭し、あるいは兄、弟を哭し、あるいは婦、夫を哭し、あるいは夫、婦を哭す。顚倒《てんどう》上下することは無常の根本なり。皆まさに過ぎ去るべく、常には得べからず。教語し開導すれども道を信ずる者は少なし。皆まさに死生して休止有ること無かるべし。是くのごときたぐいの人は朦冥抵突《もうみょうたいとつ》して経語を信ぜず、各おの意を快くせんと欲して心に計慮せず、愛欲に愚癡せしめられて道徳を解《さと》らず、瞋怒に迷惑して財色を貪狼《とんろう》す。これに坐りて道を得ず、まさにさらに勤苦して極めて悪処に在りて、生じてついに止まりて休息することを得ざるべし。これを痛むことはなはだ傷《あわれ》むべし。ある時は家室・中外・父子・兄弟・夫婦、死と生とに至るの義ありて、たがひに哭泣し、うたたあい思慕す。憂念憤結し、恩愛繞続し、心意著痛して、対《むか》ひてあい顧恋す。昼夜縛礙《ばくげ》せられ解くる時有ること無し。道徳を視ることを教ふれども心開明せず、恩好を思想して情欲を離れず、閉塞せられて朦瞑《もうみょう》として交錯し覆蔽《ふへい》せらる。思計して心自ら端正《たんじょう》にして世事を決断し、専精《せんしょう》に道を行ふこと能はず。便旋《べんせん》として竟りに至り、寿終り命尽くれども道を得ること能はず、那何《いかん》ともすべきこと無し。総猥憒譊《そうわいいけ》にして皆愛欲を貪る。是くのごときの法ありて、道を解らざる者は多く、道を得る者は少なし。世間忽忽《そうそう》として聊《いささ》かも頼むべきもの無し。尊卑・上下・豪貴・貧富・男女・大小、各おの自ら忽務《そうむ》し勤苦して、躬身《みずか》ら殺毒を懐き、悪気窈冥《あくけようみょう》として、惆悵《ちゅうちょう》せずといふことなし。ために妄りに事を作し、天地に悪逆して人心道徳に従はず。非・悪にはまづ随ひてこれに与《くみ》して恣《ほしいまま》に為すところを聴《ゆる》す。その寿いまだ至らざるに、すなはち頓《とみ》にこれを奪ひて下りて悪道に入り、累世に勤苦し、展転愁毒して、数千万億歳、止《や》む期《ご》有ることと無し。痛み言ふべからず、はなはだ憐愍《れんみん》すべし、と。

【三十二】 仏、阿逸菩薩等、諸天・帝王・人民に告げたまはく、我皆なんじらに世間の事を語る。人これをもつてのゆゑに坐《とど》まりて道を得ず。なんじらつらつらこれを思惟して、悪をばまさに縦捨《じゆしや》してこれを遠離し去るべし。その善なる者に従ひて、まさに堅く持《たも》ちて妄りに非を為すことなく、ますます諸の善を作すべし。大小・多少なれども愛欲の栄えは皆常には得べからず。よりてまさに別離すべし、楽しむべき者無し。仏世の時におよびて、それ仏の経語の深きことを信受すること有りて、道徳を奉行せば、皆これ我が小弟なり。それはじめて仏の経戒を学ぶこと有らんと欲する者は、皆これ我が弟子なり。それ身を出して家を去り、妻子を捨てて財色を絶去せんと欲し、沙門と作り、仏に為《な》らんとして比丘と作らんと欲する者有らば、皆これ我が子孫なり。我が世にははなはだ値ふこと得がたし。それ願じて阿弥陀仏の国に生ぜんと欲する者有らば、智慧勇猛《ゆうみよう》にして衆の尊敬するところと為るを得べし。心の欲するところに随ひて経戒を虧負《きぶ》して人の後《しりえ》に在ることを得ることなかれ。もし疑の意有りて経を解らざる者あれは、また前《すす》みて仏に問ひたてまつれ。なんじがためにこれを解かん、と。

阿逸菩薩、長跪《じようき》叉手《しやしゆ》して言さく、仏の威神は尊重《そんじゆう》にして、説きたまふところの経は快善なり。我ら、経語を聴きて、皆心にこれを貫くに、世人まことに爾なり、仏の語りたまふところのごとく異有ること無し。今仏、我らを慈哀して、大道を開示し生路を教語したまふ。耳目《にもく》聡明にして長《とこしな》へに度脱することを得て、今さらに生ずることを得たるがごとし。我ら、仏の経語を聴きて、慈心をもつて歓喜し踊躍し開解せざる者なし。諸天・帝王・人民・蜎《けん》飛《ぴ》・蠕動《ねんどう》の類におよぶまで、皆恩を蒙《こうぶ》りて憂苦を解脱せざる者無し。仏語の教戒ははなはだ深善にして、極まり無く底無し。仏の智慧の見たまふところ、八方上下、去・来・現在の事を知りて、上も無く下も無く、無辺無幅なり。仏は聞くことを得ること甚難なるに、我ら慈心をもつて仏所に比《した》しみ、我らをして度脱を得しむるは、皆これ仏の前世に道を求めたまひし時、勤苦して学問し精明なりしが致すところなり。恩徳あまねく覆ひて、施行するところの福徳の相も禄も巍巍たり。光明徹照し、洞虚無極にして、泥洹に貫き入らしめ、教授するに典を攬《と》り、制威をもつて消化して、八方上下を改動すること、無窮無極なり。仏は師為《た》り、法の尊きこと群聖に絶して、すべてよく仏におよぶ者無し。仏は八方上下の諸天・帝王・人民のために師と作り、その心の欲願するところに随ひて、大小となく皆道を得しむ。今我ら、仏とあい見《まみ》ゆることを得、阿弥陀仏の声を聞くことを得たり。我らははなはだ喜びて、黠慧《かつえ》にして開明なることを得ざる者なし、と。

【三十三】仏、阿逸菩薩に告げたまはく、なんじが言へることこれ実にまさに爾るべし。もし慈しみあり心《こころ》仏所に有れば、大いに喜びてまことにまさに仏を念ずべし。天下に久久《くく》にして乃《いま》しまた仏有《まし》ますのみ。今我、苦の世において仏と作り、出すところの経道をもつて、教授し洞達せしめて狐疑を截断し、心を端《ただ》し行を正して諸の愛欲を抜かしめ、衆悪の根本を絶つ。遊歩《ゆぶ》するに拘《まが》ること無し。典総の智慧は衆道の表裏にして、維綱《ゆいこう》を攬持《らんじ》して、照然分明なり。五道を開示して、生死・泥洹の道を決正す、と。

仏言はく、なんじら、無数劫より以来《このかた》、また劫を計ふべからず。なんじら、菩薩の道を作して、諸天・人民および蜎飛・蠕動の類を過度せんと欲してより已来《このかた》、はなはだ久遠なり。人の、なんじに従ひて道を得て度せられし者無央数なり。泥洹の道を得るに至る者もまた無央数なり。なんじらおよび八方上下の諸天・帝王・人民、もしは比丘・比丘尼・優婆塞・優婆夷、なんじらの宿命として、無数劫より已来、この五道の中に展転して死生呼嗟《こしゃ》し、たがひに哭涙し、うたたあい貪慕し、憂思愁毒して、痛苦言ふべからず。今世に至りても死生絶えずして、すなはち今日、仏とあい見《まみ》えともに会ひ値ひて、ここにすなはち阿弥陀仏の声を聞くことはなはだ快善なり。我、なんじらを助けて喜ばしむ。また自ら死生の痛痒を厭ふべし。生るる時ははなはだ痛みはなはだ苦しみて、はなはだ極まれり。年長大するに至りてもまた苦しみて、また極まる。死する時もまた痛み、また苦しみて、また極まる。

はなはだ悪臭の処にありて浄潔ならずして、了《あき》らかに可とする者有ること無し。仏、ゆゑにことごとくなんじらに語りたまふ、なんじらまた自ら臭処悪露を決断すべし。なんじらまた心を端し身を正してますます諸善を作すべし。是においてつねに中外に端しくし、身体を潔浄にし、心垢を洗除して、自らあい約撿し、表裏相応して、言行忠信にせよ。人よく自ら度脱して、うたたあい扶接し、諸の愛欲を抜き、精明至心にして、求願して転ぜず、その善道の根本を結せよ。精苦すといへども一世は須《しゅ》臾《ゆ》の間なるのみ。今世に善を為せば後世に阿弥陀仏の国に生れて、快楽はなはだ極まり無く、長へに道徳と合明す。然して善はあい保守せらるれば、長へに悪道痛痒の憂悩を去り離れ、勤苦諸悪の根本を抜き、諸の愛欲恩好を断ちて、長へに阿弥陀仏の国に生れなん。また諸の痛痒有ることも無く、また復《ふく》して諸の悪臭の処に有ることも無く、また復して勤苦に有ることも無し。また淫泆《いんいつ》・瞋怒・愚癡無く、また憂思・愁毒も有ること無し。阿弥陀仏の国に生れて、寿一劫・十劫・百劫・千劫・万億劫ならんと欲《おも》ひ、自ら恣意《ほしいまま》に寿を無央数劫に住止せしめんと欲はば、また劫を計数すべからずして、恣《ほしい》ままになんじの意に随ひて皆これを得べし。食せんと欲すれば、食せざるもの、恣ままにその意のごとくにすべてことごとく自然に皆これを得べし。泥洹の道に次《ちか》ければ、皆各おの自ら精明に求索して、心に欲願するところあり、狐疑を得て心中に悔《け》ありて往生せんと欲する者なし。その過失に坐《つみ》せられて、阿弥陀仏の国界の辺《ほとり》、自然の七宝の城の中に在りて、謫《たく》せらるること五百歳なるを得ること無かれ、と。
阿逸菩薩言さく、仏の厳明なる重教を受けて、皆まさに精進して一心に求索すべく、請《ねが》はくは、これを奉行してあへて疑怠せじ、と。

【三十四】　仏、阿逸菩薩等に告げたまはく、なんじらこの世においてよく自ら心を制し、意を正して身に悪を作さざれば、是を大徳の善と為し、すべてに一輩として有りて、八方上下の最と為りて比《たくらぶ》るもの有ること無し。所以は何《いか》ん。八方上下の無央数の仏国の中の諸天・人民は、皆自然に善を作して大いに悪を為さざれば教化し易けれども、今我この世間において仏と作る。ために五悪、五痛、五焼の中において仏と作ること最も劇《かた》しと為せばなり。人民を教語して、縦《ほしいまま》に五悪を捨てしめ、五痛を去らしめ、五焼の中より去らしめ、その心を降化して五善を持《たも》ちその福徳、度世、長寿、泥洹の道を得しめん、と。
仏言《のたま》はく、何等をか五悪と為し、何等をか五痛と為し、何等をか五焼の中の者と為す。何等をか五悪を消化して五善を得しむる者と為す。何等をか五善を持ちてその福徳、長寿、度世、泥洹の道を得と為す、と。

【三十五】　仏言はく、その一悪とは、天・人民より下《しも》禽獣、蜎飛《けんぴ》、蠕動《ねんどう》の属《たぐい》に至るまで、衆の悪を作さんと欲して強き者は弱きを服し、うたたあい剋賊《こくぞく》し、自らあい殺傷《せっしょう》してたがひに食噉《じきだん》す。善を作すことを知らず、悪逆不道にしてその殃罰《おうばつ》を受く。道の自然にしてまさに往きて趣向すべし。神《じん》明《みょう》記《き》識《し》してこれを犯さば貰《ゆる》さず、うたたあい承け続ぐ。ゆゑに貧窮《びんぐ》、下賤、乞丐《こつがい》、孤独なるもの有り。ゆゑに聾盲《ろうもう》、瘖瘂《おんあ》、愚癡、弊悪なるもの有り、下《げ》に尩狂《おうきょう》にしておよばざる属有り。ゆゑに尊卑、豪貴、高才、明達、智慧勇猛なるもの有り。皆その前世宿命に善を為し慈孝《じきょう》にして恩徳を布き施すがゆゑなり。官事王法の牢獄有れども、あへて畏れ慎まずして悪を作さば、法に入りてその過謫《かたく》を受く。重罰致りて劇《はげ》しくして、解脱を求望すれども度出することを得ることかたし。今世にこれ有りて目前に現在し、寿《いのち》終りて処有りて、それ窈冥《ようみょう》に入り身を受けてさらに生ず。比《たと》へば王法の劇苦極刑のごとし。ゆゑに自然の泥犁《ないり》、禽獣、薜荔《へいれい》、蜎飛、蠕動の類有り。うたた身形を貿《か》へ、悪を改めて道を易へ、寿命に短長あり。魂神精識、自然に趣に入りて形を受け胎に寄りて、まさに独り値ひ向かふも、あい従ひともに生ずべく、うたたあい報償してまさにあい還復すべし。殃悪、禍罰、衆事いまだ尽きざれば、ついに離るることを得ずして、その中に展転して世世累劫にも出づる期有ること無く、解脱を得ることかたし。痛み言ふべからず。天地の間に自然にこれ有り。時に臨みてにわかに時に応ぜずといへども、ただ自然の道を取りて皆まさに善悪これに帰すべし。これを一の大悪と為し、一の痛と為し、一の焼と為す。勤苦是くのごとくにして、愁毒呼嗟すべし。比へば劇火の起りて人の身を焼くがごとし。

人よく自らその中において一心に意《こころ》を制し身を端し行を正して、独り諸の善を作し衆の悪を為さざれば、身独り度脱して、その福徳を得、長寿、度世、上天、泥洹の道を得べし。これを一の大善と為す、と。

【三十六】 仏言はく、その二悪とは、世間の帝王、長吏、人民、父子、兄弟、家室、夫婦、ほぼ義理無くして正令に従はず、奢婬憍慢にして各おの意を快くせんと欲し、恣心自在にしてたがひに欺《ぎ》調《ちょう》し、ことさら死を懼れず。心口各おの異にして言念に実無く、佞諂《ねいてん》にして忠ならず、諛媚巧辞にして行い端緒ならず。たがひに嫉《ねた》み憎みうたたあい讒悪《ざんあく》して人を冤枉《えんおう》に陥《おとしい》る。主上、明らかならず心察《つまびら》かに照らさずして臣下を任用すれば、臣下は存在して度を践みてよく行ひその形施を知らんとするも、位に在りて正しからざれば、その調するところと為りて妄りに忠良賢善を損じ、天心に当らずしてはなはだ道理に違す。臣はその君を欺き、子はその父を欺き、弟はその兄を欺き、婦はその夫を欺き、家室、中外、知識はあい訟って各おの貪淫、心毒、瞋怒、矇聾、愚癡、欲益を懐く。尊卑・上下有ること無く、男と無く女と無く、大と無く小と無く、心ともに同じく然なり。自ら己《おのれ》を厚くせんと欲し、家を破り身を亡《ほろぼ》して、前後、家室、親属を顧念せずしてこれに坐《よ》りて族を破る。ある時は家中、内外、知識、朋友、郷党、市里、愚民、野人、うたたかわるがわる事に従ひ、ともにあい利害して財を諍ひ、闘訟《とうしょう》怒忿して仇を成し、うたた勝負を諍ふ。富を慳《おし》み心を焦がしてあへて施与せず、祝祝として守り愛し保ちて貪惜す。これに坐りて思念し心労し身苦しむ。是くのごとくにして竟《おわり》に至り恃怙《じこ》するところ無し。独り来り独り去りて一《ひとり》として随ふ者無し。善悪、福徳、殃禍、謫罰、命を追ひて生ずるところなり。あるいは楽処に在りあるいは毒苦に入る。然して後にいまし悔ゆともまさにまた何ぞ及ぶべき。ある時は世人、心愚かに智少なくして善を見ては誹謗してこれに恚り、肯《がえん》じて慕ひ及ばんとせず。ただ妄を為し不道を作さんと欲し、ただ盗竊を欲して常に毒心を懐き、他人の財物を得てもつて自らに供給せんと欲す。消散し靡尽し賜《つ》くればまた求索す。邪心にして正しからず、常に独り恐怖して人の色《し》ること有らんことを畏る。時に臨みて計らず、事至りていまし悔ゆ。今世に現に長吏・牢獄在りて自然に趣向してその殃咎を受く。世間の貧窮、乞丐、孤独、ただ前世宿命に道徳を信ぜずしてあへて善を為さざりしに坐《よ》りて、今世に悪を為せば天神籍を別ち、寿終りて悪道に入る。ゆゑに自然の泥犁、禽獣、薜茘、蜎飛、蠕動の属有り。その中に展転して世世累劫にも出づる期有ること無く、解脱を得ることかたし。痛み言ふべからず。これを二の大悪と為し、二の痛と為し、二の焼と為す。勤苦是くのごとくにして、比へば火の起りて劇しく人の身を焼くがごとし。

人よく自らその中において一心に意を制し身を端し行を正して、独り諸の善を作し衆の悪を為さざれば、身独り度脱して、その福徳を得、長寿、度世、上天、泥洹の道を得べし。これを二の大善と為す、と。

【三十七】　仏言はく、その三悪とは、諸の世間の人民、寄生しあい因りてともに天地の間に依居す。処年寿命、よく幾《いくば》くの歳も無し。至れるは豪貴、長者、賢明、善人有り、下には貧賤、尩羸《おうるい》、愚者有り、中には不良の人有り。ただ毒悪を懐念して身心正しからず、常に婬泆《いんいつ》を念じて煩ひ胸中に満つ。愛欲交錯して坐起安からず、貪意慳惜にして横《よこさま》にほしいままに得んことを欲す。細色を眄睞《めんらい》して悪態婬泆し、婦有れども厭ひ憎みて私かに妄りに出入し、家の所有を持ちてあい給して非を為し、聚会飲食して専らともに悪を作す。兵を興し賊を作して城を攻め格闘し、劫殺截断して強奪不道なり。人の財物を取り偸竊して趣《わず》かに得れどもあへて生を治せず、求むべきところの者をあへてこれを為さず、悪心外《ほか》に在りて専ら作すこと能はず。欲に繫《つな》がれて事を成し恐勢迫脅し、持ち帰り家に給してともにあい生活す。心を恣にし意を快くして行を極め楽を作す。他人の婦女を行乱し、あるいはその親属において尊卑・長老を避けず。衆ともに憎悪し、家室も中外も患《うれ》へてこれを恚《いか》る。また県官の法令を畏れず録を避くるところも無し。是くのごときの悪、自然の牢獄あり、日月照識し神明記取して諸神摂録す。ゆゑに自然の泥犁、禽獣、薜茘、蠕動の属有り。その中に展転して世世累劫にも出づる期有ること無く、解脱を得ることかたし。痛み言ふべからず。これを三の大悪と為し、三の痛と為し、三の焼と為す。勤苦是くのごとくにして、比へば火の起りて人の身を焼くがごとし。人よく自らその中において一心に意を制し身を端し行を正して、独り諸の善を作し衆の悪を為さざれば、身独り度脱して、その福徳を得、長寿、度世、上天、泥洹の道を得べし。これを三の大善と為す、と。

【三十八】　仏言はく、その四悪とは、諸人善を作すこと能はずして自らあい壊敗し、うたたあい教令してともに衆悪の主と作り、ために言《ことば》を伝へてただ両舌、悪口、罵詈、妄語を欲し、あい嫉《ねた》みてたがひに闘乱す。善人を憎嫉し賢善を敗壊して旁《かたわら》においてこれを快《よろこ》ぶ。また父母に孝順し供養せず、師友・知識を軽易して信無く誠実を得ることかたし。自大尊貴にして道有りといひ、横に威武を行じて権力勢を加へ、侵剋して人を易《あなど》り自らを知ること能はず。悪を為して自ら羞慚せず、自ら頑健なるをもつて人をしてこれに承事し畏敬せしめんと欲す。また天地、神明、日月を畏敬せず、また教へて善を作さしむべからず、降化すべからず。自らもつて偃蹇《えんけん》して常にまさに爾なり。また憂哀の心無く恐懼の意を知らずして憍慢なること是くのごとし。天神これを記す。その前世宿命にすこぶる福徳を作すに頼《よ》りて、小善扶接し営護してこれを助くるも、今世に悪を作りて諸の善を尽傷《じんし》してひびに去り、悪を見てはこれを追ひ、身独り空しく立ちてまた依るところ無く、重き殃謫を受けて寿命終るとき身の衆悪繞り帰して自然に迫促す。まさに往きて追逐して止息することを得ざるべし。自然に衆悪ともに趣きこれに頓《つか》る。その名籍は神明のところに在ること有りて、殃咎引牽しまさに値相して自然の趣向を得べし。過の譴罰を受け身心摧砕し、神形の苦極まりて離却することを得ず。ただ前《すす》み行きてその火鑊に入ることを得て、この時に当りて悔ゆともまた何の益かあらん。まさにまた何ぞおよぶべき。天道自然にして蹉跌することを得ず。ゆゑに自然の泥犁、禽獣、薜荔、蜎飛、蠕動の属有り。その中に展転して世世累劫にも出づる期有ること無く、解脱を得ることかたし。痛み言ふべからず。これを四の大悪と為し、四の痛と為し、四の焼と為す。勤苦是くのごとくにして、比へば火の起りて人の身を焼くがごとし。

人よく自らその中において一心に意を制し身を端し行を正して、独り諸の善を作し、衆の悪を為さざれば、身独り度脱して、その福徳を得、長寿、度世、上天、泥洹の道を得べし。これを四の大善と為す、と。

【三十九】仏言はく、その五悪とは、世人徙倚《しい》懈惰《けだ》にしてあへて善を作さず、生を治せんことを念はずして妻子飢寒し、父母もともに然なり。呵してその子を教へんと欲すれば、その子悪心にして目《まなこ》を瞋《いか》らして応怒して言令に従はず、違戻反逆して野人よりも劇《はなはだ》し。比へば怨家のごとし。子無きに如《し》かず。妄りにあまねく仮貸《かたい》して衆ともに患へ厭ふ。尤《とが》むるもまた報償の心有ること無し。窮貧困乏してまた得ること能はずして、辜較《こかく》し諧聲し放縦に遊散し、しばしば唐《いたず》らに得るに串《なら》ひて自らもつて賑給す。防禁を畏れず、飲食極まり無く酒を喫し美を嗜み、出入に期度有ること無し。魯扈抵突《ろこたいとつ》にして人情を知らず、壯吁《そうく》強制にして人の喜び有るを見ては憎妬してこれを恚り、義無く礼無く、自らもつて職当して諫暁すべからず。また父母・妻子の有無を憂念せず、またついに父母の徳に報ゆることを念はず。また師の恩好を念はず。心に常に悪を念じ、口に常に悪を言ひ、身に常に悪を行ひて、ひびに成就することあらず。道徳を信ぜず、賢明先聖有ることを信ぜず、善を作し道を為せば度世を得べきことを信ぜず、世間に仏有《ましま》すことを信ぜずして、羅漢を殺し比丘僧をして闘はしめんと欲し、常に人を殺さんと欲し、父母、兄弟、妻子、宗親、朋友を殺さんと欲す。父母、兄弟、妻子、宗親、朋友も、憎悪してこれを見てはこれをして死なしめんと欲す。仏の経語を信ぜず、人の寿命終り尽き死して後世にまた生ずることを信ぜず、善を作せば善を得ることを信ぜず、悪を作せば悪を得ることを信ぜざるなり。是くのごときらの人、男子も女人も心意ともに然なり。違戻反逆して愚癡蒙籠なり。瞋怒嗜欲にして識知するところ無く、自ら快善なるをもつて大いに智慧と為して、また従来するところの生、死して趣向するところを知らず。あへて慈孝ならずして天地に悪逆す。その中間において僥倖を望求し、長生を得て不死を射呼せんと欲すれども、かならずまさに生死の勤苦、善悪の道に帰就すべし。身に作るところの悪、殃咎の衆趣、度脱するを得ず。また降化して善を作さしむべからず。慈心をもつて教語し、死苦善悪の趣向するところこれ有ることを開導すれどもまたこれを信ぜず。然れば苦心して与に語りて度脱せしめんと欲すれども益無し。その人、心中閉塞して意開解せずして、大命まさに至り至らんとする時皆悔ゆ。その後にすなはち悔ゆれどもまさにまた何ぞ及ぶべき。あらかじめ計りて善を作さずして窮むるに臨みて何の益かあらん。天地の間に五道各おの明らかにして、恢曠窈窕、浩浩汗汗たり。うたたあい承受して、善悪の毒痛、身自らこれに当りて代る者有ること無し。道の自然なるはその所行に随ひて命を追ひて生ずるところ、縦捨《じゅうしゃ》することを得ず。善人は善を行じて慈孝なれば、楽より楽に入り、明より明に入る。悪人は悪を行じて、苦に従ひ冥に従ふ。誰かよく知る者あらん。独り仏の見知したまへるのみ。人民を教語したまへども信用する者少なし。生死休まず、悪道絶えず。是くのごとき世人には、ことごとく道《い》ひ説くべからず。ゆゑに自然の泥犁、禽獣、薜荔、蜎飛、蠕動の属有り。その中に展転して世世累劫にも出づる期有ること無く、解脱を得ることかたし。痛み言ふべからず。これを五の大悪、五の痛、五の焼と為す。勤苦を為すこと是くのごとし。比へば火の起りて人の身を焼くがごとし。

人よく自らその中において一心に意を制し身を端し行を正して、言行相副《かな》ひて作すところ至誠に語るところ語《ことば》のごとくして、心口転ぜずして独り諸の善を作し、衆の悪を為さざれば、身独り度脱して、その福徳を得、長寿、度世、上天、泥洹の道を得べし。これを五の大善と為す、と。

**【四十】**　仏、阿逸菩薩等に告げたまはく、我皆なんじらに語る、この世の五悪の勤苦是くのごとし。五痛を起さしめ五焼を起さしめて展転してあい生ず。世間の人民あへて善を為さずして衆の悪を作さんと欲す。あへてこの諸の悪事を犯さんと欲すれば、皆ことごとく自然にまさにつぶさに更歴して悪道の中に入るべし。あるいはそれ今世にまづ病殃を被りて死も生も得ず。衆に示してこれを見せしむ。寿終りて至極の大苦に趣入し、愁憂酷毒、自らあい焦然してうたたあい焼滅するなり。その然る後に至りてともに怨家と作りてたがひに傷殺して、小微より起りて大困劇に至る。皆財色を貪婬しあへて忍辱して施与せざるによりてなり。各おの自ら快くせんことを欲して、また曲直と無く、健名を得んことを欲すれども、癡欲の迫まるところと為り、心に随ひて思想すれどもまた得ること能はず。憤りを胸中に結び財色に縛束せられて解脱有ること無く、厭足を知らずして己を厚くし欲を諍ひて省録するところ無し。富貴栄華なれども時に当りて忍辱して善を施すことを知らず。威勢いくばくも無くして悪名に随ひて身を焦し、労苦に坐して久しくして後大いに劇し。自然に随逐して解け已むこと有ること無し。王法施張して自然に糺挙《くこ》し、上下相応して羅網綱紀、煢煢忪忪《けいけいしゅじゅ》としてまさにその中に入るべし。古今にこれ有り。痛ましきかな、傷むべし。すべて義理無く正道を知らざればなり、と。

仏、阿逸菩薩等に語りたまはく、もし世にこれ有らんに、仏皆慈愍してこれを哀れみ、威神摧動して衆悪諸事は皆これを消化したまふ。悪を去りて善に就き、所思を棄捐して経戒を奉持し、経法を承受し施行せざるはなく、あへて度世、無為、泥洹の道を違失せず、善を快しみ楽を極むることを得しめん、と。

仏言はく、なんじら、諸天、帝王、人民および後世の人、仏の経語を得てつらつらこれを思惟して、よく自らその中において心を端し行を正すべし。その主上、善を為してその下を率化し検御して、衆を教へてうたたあい勅令し、うたたともに善を為してうたたあい度脱せよ。各おの自ら端しく守り慈仁愍哀して、身を終るまで怠らざれ。聖を尊び孝を敬ひ通洞博愛にして、仏語の教令はあへて虧負《きぶ》することと無く、まさに度世、泥洹の道を憂ふべし。まさに死生の痛痒を断截し悪の根本を抜かんことを憂ふべし。まさに泥犁、禽獣、薜茘、蜎飛、蠕動の悪苦の道を断絶せんことを憂ふべし。まさに仏世におよぶまで堅く経道を持ちてあへて違失すること無かるべし、と。

仏言はく、なんじらまさに信ずべきは云何《いかん》とならば、第一急にまさに自ら身を端すべし。まさに自ら心を端すべし。まさに自ら目を端すべし。まさに自ら耳を端すべし。まさに自ら鼻を端すべし。まさに自ら口を端すべし。まさに自ら手を端すべし。まさに自ら足を端すべし。よく自ら撿斂《けんれん》して妄りに動作することなく、身心浄潔にしてともに善と相応し、中外約束して嗜欲に随ふことなく、諸の悪を犯さざれ。言色まさに和すべし。身行まさに専なるべし。行歩坐起の所作まさに安らかなるべし。事を作さば為すところ、まさにまづつらつら思慮してこれを計るべし。才能を揆度《きたく》し円規を視瞻《しせん》し、安定にしておもむろにこれを作為すべし。事を作すこと倉卒《そうそつ》にしてあらかじめ計熟せずしてこれを為して諦かならざればその功を亡《うしな》ふ。それ敗悔後《のち》に在ればいたづらに苦しみて身を亡ぼす。至誠忠信にして道を得て絶去すべし、と。

仏言はく、なんじらここにおいてますます諸の善を作して、恩を布き徳を施してよく道の禁忌を犯さず、忍辱、精進、一心、智慧、展転してまたあい教化して善を作して徳を為せ。是くのごときの経法、慈心専一にして、斎戒清浄なること一日一夜なれば、阿弥陀仏の国に在りて善を作すこと百歳なるに勝れり。所以は何ん。阿弥陀仏の国は皆積徳衆善無為自然にして在りて、求索するところに諸悪の大きさ毛髪のごとくなるものも有ること無ければなり、と。

仏言はく、ここにおいて善を作すこと十日十夜なれば、その徳、他方仏国の中の人民の善を作すこと千歳なるに勝れり。所以は何ん。他方仏国は皆ことごとく善を作して、善を作す者は多く悪を為す者は少なし。皆自然の物有りて求作を行ぜずしてすなはち自らこれを得ればなり。この間は悪を為す者多く善を作す者は少なく、求作を行ぜざれば得しむること能はず。世の人よく自ら端しく制して善を作し、至心に道を求むるがゆゑによく爾るのみ。この間は自然なること有ること無く、自給すること能はずして、まさに求索を行じて勤苦して生を治すべく、うたた相欺殆《ごだい》し調詐して悪を好み、その財物を得て妻子に帰給す。毒を飲み食ひ心を労し身を苦しむ。是くのごとくにして竟《おわ》りに至り、心意専ならず惚惘として安からず。人よく自ら安静にして善を為し徳に精進するがゆゑによく爾るのみ、と。

仏言はく、我皆なんじらおよび諸天、帝王、人民を哀れみて、皆に教へて諸善を作し衆悪を為さざらしむ。その所能に随ひてすなはち道を授与し、教戒開導してことごとくこれを奉行せしむ。すなはち君は率化して善を為して臣下に教令し、父はその子に教へ、兄はその弟に教へ、夫はその婦に教へ、家室、内外、親属、朋友、うたたあい教語して、善を作し道を為し経を奉じ戒を持ち、各おの自ら端しく守りて上下相撿《かんが》へ、尊と無く卑と無く、男と無く女と無く、斎戒清浄にして歓喜せざるはなし。義理に和順にして歓楽慈孝、自らあい約撿す。それ仏の経語を得ること有らば、ことごとく持ちてこれを思へ。まさに作すところ、もつて犯してこれを為すべからず。すなはち自ら過を悔い、悪を去りて善に就き、邪を棄てて正を為し、朝に聞きて夕に改め、経戒を奉持すれば劇愚も宝を得。仏の所行の処、所在の郡国には、すなはち経戒を授与せられ、諸天、日月、星辰、諸神、国王、旁臣、長吏、人民、諸龍、鬼神、泥犁、禽獣、薜荔、蜎飛、蠕動の属も、慈心開解せざる者なし。皆ことごとく敬事して仏に従ひ、経道を稽受して承けてこれを奉行す。すなはち君は改化して善を為し、斎戒精思して浄く自ら漸ぎ洗ひ、心を端し行を正せん。位に居して厳慄に教勅し、衆を率ゐて善を為し、道禁を奉行して言令をして正しからしむ。臣はその君に孝し、忠直に令を受けてあへて違負せず。父子は言令孝順に承受し、兄弟、夫婦、宗親、朋友は上下あい令して言に順ひ理に和す。尊卑・大小、うたたあい敬事するに、礼をもつてし義に如《かな》ひあい違負せず。往を改め来を修し心を洗ひ行を易へずといふことなく、端正中表にして自然に善を作し、願ふところすなはち得て、ことごとくよく自然の道に降化す。求めて不死を欲すればすなはち長寿を得べし。求めて度世を欲すればすなはち泥洹の道を得べし、と。

仏言はく、仏は威神尊く徳重くして、悪を消し善に化して度脱せしめずといふことなし。今我天下に出でて、この悪の中に在り苦の世において仏と作り、慈愍哀傷し教語開道す。諸天、帝王、旁臣、左右、長吏、人民、その心の願楽するところに随ひて皆道を得しむ。仏の諸の所行の処、経過し歴《わた》るところの郡国、県邑、丘聚、市里の豊熟せざるはなし。天下太平にして、日月の運照ますます明らかに好しく、風雨に時節ありて人民安寧ならん。強きは弱きに臨まず、各おのその所を得て、悪歳・疾疫無く、病瘦する者無く、兵革起らず、国に盗賊無く、宛枉《えんおう》有ること無く、拘閉せらるる者有ること無からん。君臣も人民も喜踊せざることなく、忠慈至誠にして、各おの自ら端しく守り、皆自から国を守り、雍和《ようわ》孝順にして歓喜せざるはなからん。有無あい与《とも》にして恩を布き徳を施して、心歓楽しともに皆敬愛して、義を推し譲り前後を謙遜して、礼をもつて敬事すること父のごとく子のごとく、兄のごとく弟のごとくにして、仁賢、和順、礼節ならずといふことなからん。すべてに違諍無く快善極まり無からん、と。

仏言はく、我なんじら子を哀れみて、これを度脱せんと欲ふこと、父母の子を念ふよりも劇し。今八方上下の諸天、帝王、人民および蜎飛、蠕動の類、仏の経戒を得て仏道を奉行し、皆明慧を得て心ことごとく開解して、憂苦を過度し解脱することを得ざる者なし。今我、仏と作り、五悪、五痛、五焼の中に在りて、五悪を降化し、五痛を消尽し、五焼を絶滅して、善をもつて悪を攻め毒苦を抜き去りて、五道を得しめ、五善を得て明らかに好しく、焼悪して起らざらしむ。我、般泥洹し去りて後、経道やや断絶し、人民諛諂にしてややまた衆悪を為しまた善を作さざれば、五焼また起り、五痛の劇苦、また前の法のごとく、自然に還復し久しくして後うたた劇しからん。ことごとく説くべからざらん。我、ただなんじらがために小しくこれを道《い》ふのみ、と。

仏、阿逸菩薩等に告げたまはく、なんじら各おの思ひてこれを持て。展転してあい教戒し、仏の経法のごとくにしてあへて違犯すること無かれ、と。阿逸菩薩、長跪叉手して言《もう》さく、仏の道記ははなはだ苦痛なり。世人、悪を為すことははなはだ劇しきこと是くのごとし。仏皆慈哀してことごとくこれを度脱したまふ、と。皆の言さく、仏の重教を受けて、請《ねが》はくは、展転してあい教へてあへて違犯せじ、と。

# 無量寿経講述

## 講読篇

# 【一】証信序　六事成就

仏説無量寿経　巻上

曹魏天竺三蔵康僧鎧訳

我聞如レ是。一時仏住ニ王舎城耆闍崛山中一、与ニ大比丘衆万二千人一倶。一切大聖神通已達。其名曰ニ尊者了本際尊者正願尊者正語尊者大号尊者仁賢尊者離垢尊者名聞尊者善実尊者具足尊者牛王尊者優楼頻嬴迦葉尊者伽耶迦葉尊者那提迦葉尊者摩訶迦葉尊者舎利弗尊者大目犍連尊者劫賓那尊者大住尊者大浄志尊者摩訶周那尊者満願子尊者離障尊者流灌尊者堅伏尊者面王尊者異乗尊者仁性尊者嘉楽尊者善来尊者羅云尊者阿難一。皆如レ斯等上首者也。

又与ニ大乗衆菩薩一倶。普賢菩薩妙徳菩薩慈氏菩薩等此賢劫中一切菩薩、又賢護等十六正士、善思議菩薩信慧菩薩空無菩薩神通華菩薩光英菩薩慧上菩薩智幢菩薩寂根菩薩願慧菩薩香象菩薩宝英菩薩中住菩薩制行菩薩解脱菩薩。

曹魏天竺の三蔵康僧鎧の訳

我聞きたてまつりき、是くのごとく。一時、仏、王舎城耆闍崛山の中に住したまひて、大比丘の衆万二千人と俱なりき。一切は大聖にして神通すでに達せり。その名を、尊者了本際・尊者正願・尊者正語・尊者大号・尊者仁賢・尊者離垢・尊者名聞・尊者善実・尊者具足・尊者牛王・尊者優楼頻蠃迦葉・尊者伽耶迦葉・尊者那提迦葉・尊者摩訶迦葉・尊者舎利弗・尊者大目犍連・尊者劫賓那・尊者大住・尊者大浄志・尊者摩訶周那・尊者満願子・尊者離障・尊者流灌・尊者堅伏・尊者面王・尊者異乗・尊者仁性・尊者嘉楽・尊者善来・尊者羅云・尊者阿難と曰ふ。皆斯くのごとき等の上首の者なり。

また大乗の衆の菩薩と俱なりき。普賢菩薩・妙徳菩薩・慈氏菩薩等のこの賢劫《げんごう》の中の一切の菩薩、また賢護等の十六正士《しょうじ》、善思議菩薩・信慧菩薩・空無菩薩・神通華菩薩・光英菩薩・慧上菩薩・智幢菩薩・寂根菩薩・願慧菩薩・香象菩薩・宝英菩薩・中住菩薩・制行菩薩・解脱菩薩なり。

【語　句】

**王舎城耆闍崛山**……今講述しようとしている『無量寿経』が説かれた場所。釈尊在世当時のマガダ国の首都の名がラージャグリハ（Rājagṛha）すなわち王舎城で、耆闍崛山（Gṛdhrakūṭa）とは、その郊外にある山の名をいう。霊鷲山と意訳されて、釈尊説法の地としてよく知られている。

**比丘**……仏教教団における男性出家者で、具足戒を受けたものをいう。bhikṣu の音訳というが、少し怪しい。比丘尼（bhikṣuṇī）の対語。

**菩薩**……大乗仏教の修行者を、出家・在家を問わずに、菩提薩埵（bodhisattva）といい、それを省略して菩薩と称する。

**賢劫**……過去の住劫を荘厳劫といい、未来の住劫を星宿劫というのに対して、現在の住劫をこう称する。この時には千仏が出世するという。

**正士**……正道を求める大士ということで、右の菩薩の別称である。

**【解　説】**

ここは「証信序」すなわち「通序」であって、すべての経典に通じて具わっている序の部分である。いわゆる「六事成就」が述べられている経の序分である。六事成就とは、聞・信・時・主・処・衆成就の六種のことで、これが完備していて初めて経典の真実であることが保証されるものとされている。順に「我聞」、「如是」、「一時」、「仏」、「王舎城耆闍崛山」等が聞成就ないし処成就に当たり、大比丘の衆万二千人以下の、法座に参集した比丘と菩薩の名を羅列した部分が、第六の衆成就に相当している。今ここの六事成就の内容についての詳しい解説は、辞書や他の『無量寿経』の講読書における解説等に譲って、この講本における解説を割愛する。

また「尊者了本際」に始まる三十一人の比丘名についての人物比定も、省略に従う。教説内容の理解には何も関わらないと考えるためであるし、今の論者には、こういうことについての関心がまるでないためであること、すでに説明してきたとおりである。必要と思われる読者は、各自で調査されたい。

ただ、右の記述で、菩薩名が列記されている部分については一言しておかねばならない。間に「また（又）」の字があったり、「賢護等の十六正士」などとまとめられていたり、直接名が羅列されたりしているので、このところの全体が、いかようなつながりで出されているのかと疑問が感じられるからである。香月院深励師の『無量寿経講義』（浄土三部経講義1　法蔵館）によれば（一四四～五頁）、「賢劫の中の一切の菩薩」までは出家の菩薩で、「賢護等の十六正士」というのは在家の菩薩、「善思議菩薩」以下の十四名は、他方世界より来至して在家の菩薩として釈迦会上に連なった者たちだという。この解釈が絶対かどうかは定かではないが、一つの解釈例として参考にはなるであろう。

ということで、王舎城耆闍崛山中に開かれた法会の参会者名が示されている部分である。

## 【二】証信序　八相化儀

皆遵二普賢大士之徳一、具二諸菩薩無量行願一安二住一切功徳之法一。遊二歩十方一行二権方便一入二仏法蔵一究二竟彼岸一、於二無量世界一現レ成二等覚一。

処二兜率天一弘二宣正法一、捨二彼天宮一降二神母胎一。従二右脇一生現レ行二七歩一、光明顕曜普照二十方一無量仏土六種震動。挙レ声自称、吾当三於レ世為二無上尊一。釈梵奉侍天人帰仰。示二現算計文芸射御一博二綜道術一貫二練群籍一、遊二於後園一講レ武試レ芸、現レ処二宮中色味之間一。見二老病死一悟二世非常一、棄二国財位一入レ山学レ道。服乗白馬宝冠瓔珞遣レ之令レ還。捨二珍妙衣一而著二法服一剃二除鬚髪一、端二坐樹下一勤苦六年行如二所応一。現二五濁刹一随二順群生一、示レ有二塵垢一沐二浴金流一。天按二樹枝一得三攀二出池一。霊禽翼従往二詣道場一。吉祥感徴表二章功祚一、哀受二施草一敷二仏樹下一跏趺而坐、奮二大光明一使三魔知レ之、魔率二官属一而来逼試、制以二智力一皆令二降伏一。得二微妙法一成二最正覚一。釈梵祈勧請二転法輪一、以二仏遊歩一仏吼而吼。扣二法鼓一吹二法蠃一執二法剣一建二法幢一震二法雷一曜二法電一澍二法雨一演二法施一、常以二法音一覚二諸世間一。光明普照二無量仏土一一切世界六種震動。総二摂魔界一動二魔宮殿一、衆魔慴怖莫レ不二帰伏一。摑二裂邪網一消二滅諸見一散二諸塵労一壊二諸欲塹一。厳二護法城一開二闡法門一、洗二濯垢汚一顕二明清白一。光二融仏法一宣二流正化一。入レ国分衛獲二諸豊

膳一貯ニ功徳一示ニ福田一、欲レ宣レ法現ニ欣笑一、以ニ諸法薬一救ニ療三苦一。顕ニ現道意無量功徳一、授ニ菩薩記一成ニ等正覚一。示ニ現滅度一拯済無レ極。消ニ除諸漏一植ニ衆徳本一具ニ足功徳一微妙難レ量。

皆普賢大士の徳に遵ひて、諸の菩薩の無量の行願を具し一切の功徳の法に安住す。十方に遊歩して権方便を行じ仏法蔵に入りて彼岸を究竟《くきょう》し、無量の世界において等覚を成ずることを現ず。兜率天に処して正法を弘宣し、かの天宮を捨てて神を母胎に降す。右脇より生じて七歩を行くことを現じ、光明は顕耀にしてあまねく十方を照らし、無量の仏土は六種に震動す。声を挙げてみづから称ふ、「吾まさに世において無上尊と為るべし」と。釈梵は奉侍し天人は帰仰す。算計・文芸・射御を示現して、道術を博綜《はくそう》し群籍を貫練し、後園に遊びて武を講じ芸を試み、宮中色味の間に処することを現ず。老病死を見て世の非常を悟り、国と財と位を棄てて山に入りて道を学す。服乗の白馬・宝冠・瓔珞、これを遣はして還さしむ。珍妙の衣を捨てて法服を著し、鬚髪を剃除し、樹下に端坐して勤苦すること六年、行、所応のごとし。五濁の刹に現じて群生に随順し、塵垢有りと示して金流に沐浴す。天は樹枝を按じて池より攀ぢ出づることを得しむ。霊禽は翼従して道場に往詣す。吉祥、感徴して功祚《こうそ》を表章すれば、哀れみて施草を受けて仏樹の下に敷き跏趺して坐し、大光明を奮ひて魔をしてこれを知らしむ。魔、官属を率ゐて来りて逼まり試みるも、制するに智力をもつてして皆降伏せしむ。微妙の法を得て最正覚を成ず。釈梵祈勧して転法輪を請ずるに、仏の遊歩をもつてし仏の吼をもつて吼す。法鼓を扣き、法螺を吹き、法剣を執り、法幢を建て、法雷を震ひ、法電を曜かし、法雨を澍ぎ、法施を演べ、つねに法音をもつて諸の世間を覚せしむ。光明はあまねく無量の仏土を照らし、一切世界は六種に震動す。総じて魔界を摂し魔の宮殿を動かし、衆魔、慴怖《しょうふ》して帰伏せざるはなし。邪網を摑裂し諸見を消滅し、諸の塵労を散じ諸の欲塹を壊る。法城を厳護して法門を開闡し、垢汚を洗濯して清白を顕明す。仏法を光融し正化を宣流す。国に入りて分衛して諸の豊膳を獲、功徳を貯へしめ福田を示し、法を宣べんと欲して欣笑を現じ、諸の法薬をもつて三苦を救療す。道意無量の功徳を顕現し、菩薩に記を授け等正覚を成ぜしむ。滅度を示現すれども拯済すること極まり無し。諸漏を消除し衆の徳本を植ゑ功徳を具足すること微妙にして量りがたし。

【語　句】

**権方便**……真実の法に導くための仮のてだて。真宗では、権化方便と善巧方便とをわけて解説するが、ここでは、ことさらに二種にして、そのうちの権化方便を意味していると解釈する必要はない、と思う。大乗仏教のいう一般的な意味の方便である。深励師前掲書一五〇頁を見よ。

**功祚**……修行の功徳によって達成された仏果をたたえていう言葉。
**道意**……道はさとり（菩提）のことで、菩提心をいう。

**【解　説】**

ここは「八相化儀」と科段されている部分で、さきに名があげられている菩薩の功徳というか、衆生に対する教化の活動が語られている。ただ、慈悲行を実践する「普賢大士の徳に遵ひて」とあり、また「等覚を成ずる」ともあるので、単純に菩薩の利他的教化の活動というに止まらず、さとりを開いた後の仏陀としての活動も意味されている。それゆえに、釈尊成道の八相に準じた「八相にわたる化儀」というわけであるが、そうすると、今度は「証信序」の中に何故にかかる記述があるのかという疑問が出てくる。菩薩という存在の本質的あり方を説いているもの、こうしたあり方が菩薩というものだと示すためだとしても、この「証信序」でこういう記述が為されているのは、なかなか簡単には納得できない部分であろう。

真宗学的には、浄土における菩薩とは、みな大心海より現れた権機であり、因位の菩薩ではなくして、従果向因の菩薩と考えられているから、釈尊会の列衆たる菩薩であっても、安楽浄土より影向した同じ従果向因の菩薩であることを意味している、などと説明がなされたりもする。真宗聖教の解説としてははなはだ含蓄のある解釈であり、論者も今はこういう受け取り方に納得する気持ちも多分にあるのであるが、しかし、「何もここ証信序の中でこんな説明を繰り広げなくとも……」という気分が抜けないのも事実である。こういうことで、ここの記述のあり方の理解に落ち着かないものがある（述べられている内容には疑問はない）が、この後に続く、菩薩の功徳讃嘆の文章を読むなら、またこの真宗義による解釈が妥当か、とも思えてくるのである。

　ということで、煮え切らない解説であるが、今はこの位で止めておきたい。いずれにしても、右の事柄をおさえておくだけで、詳しい内容解説は省略するので、読者各自の研鑽にまかせたい。それにしても、釈尊の伝記を知り、「八相成道」の内容を把握していれば、記述内容に悩むことはないであろう。

遊二諸仏国一普現二道教一、其所修行清浄無レ穢。譬如下幻師現二衆異像一為レ男為レ女無レ所レ不レ変、本学明了在中意所為上。此諸菩薩亦復如レ是。学二一切法一貫綜縷練、所住安諦靡レ不レ致レ化。無数仏土皆悉普現、未三曾慢恣一愍二傷衆生一。如レ是之法一切具足、菩薩経典究二暢要妙一名称普至導二御十方一。無量諸仏咸共護念。仏所住者皆已得レ住、大聖所立而皆已立。如来導化各能宣布為二諸菩薩一而作二大師一、以二甚深禅慧一開二導衆人一。通二諸法性一達二衆生相一、明了二諸国一供二養諸仏一。化二現其身一猶二如電光一。善学二無畏之網一暁了二幻化之法一、壊二裂魔網一解二諸纏縛一。超二越声聞縁覚之地一得二空無相無願三昧一、善立二方便一顕二示三乗一。於二此中下一而現二滅度一亦無二所作一亦無二所有一。不起不滅得二平等法一、具二足成三就無量総持百千三昧諸根智慧一。広普寂定深入二菩薩法蔵一、得二仏華厳三昧一宣二暢演三説一切経典一。住二深定門一悉覩二現在無量諸仏一一念之頃無レ不二周徧一。済二諸劇難諸閑不閑一分二別顕三示真実之際一。得二諸如来弁才之智一入二衆言音一開二化一切一。超二過世間諸所有法一心常諦住二度世之道一。於二一切万物一而随レ意自在、為二諸庶類一作二不請之友一、荷二負群生一為二之重担一。受二持如来甚深法蔵一護二仏種性一常使レ不レ絶。興二大悲一愍二衆生一演二慈弁一授二法眼一。杜二三趣一開二善門一、以二不請之法一施二諸黎庶一、如三純孝之子愛二敬父母一。於二諸衆生一視若二自己一。一切善本皆度二彼岸一、悉獲二諸仏無量功徳一。智慧聖明不可思議。如レ是之等菩薩大士不レ可二称計一一時来会。

諸仏の国に遊びてあまねく道教を現ずるに、その所修の行清浄にして穢無し。譬へば幻師の衆の異像を現ずるに男と為し女と為して変ぜざるところ無く、本学明了にして意の所為に在るがごとし。この諸の菩薩もまた是くのごとし。一切の法を学して貫綜《かんそう》縷練《るれん》し、所住安諦にして化を致さざるはなし。無数の仏土に皆ことごとくあまねく現じ、いまだかつて慢恣《まんし》せず衆生を愍傷す。是くのごときの法一切具足し、菩薩の経典、要妙を究暢し、名称あまねく至りて十方を導御す。

無量の諸仏、ことごとくともに護念したまふ。仏の所住には皆すでに住することを得、大聖の所立はもつて皆すでに立す。如来の導化は各おのよく宣布して、諸の菩薩のためにもつて大師と作り、甚深の禅・慧をもつて衆人を開導す。諸法の性に通じ、衆生の相に達し、明らかに諸国を了《さと》りて諸仏を供養したてまつる。その身を化現することなほ電光のごとし。よく無畏の網を学して、暁らかに幻化の法を了り、魔網を壊裂し、諸の纏縛《てんばく》を解く。声聞・縁覚の地を超越して、空・無相・無願三昧を得、よく方便を立して三乗を顕示す。この中下において滅度を現ずれども、また所作無くまた所有無し。不起不滅にして平等の法を得、無量の総持、百千の三昧、諸根の智慧を具足し成就す。広普寂《こうふじやく》定《じよう》にして深く菩薩の法蔵に入り、仏華厳三昧を得て一切の経典を宣暢し演説す。深定門に住してことごとく現在の無量の諸仏を観たてまつること、一念の頃に周偏せざるは無し。諸の劇難と諸の閑と不閑とを済ひて、真実の際を分別し顕示す。諸の如来の弁才の智を得、衆の言音を入《さと》りて一切を開化す。世間の諸の所有の法に超過して、心つねに諦らかに度世の道に住す。一切の万物において、もつて意に随ひ自在にして、諸の庶類のために不請の友と作りて、群生を荷負してこれを重担と為す。如来の甚深の法蔵を受持し、仏種性を護りてつねに絶えざらしむ。大悲を興して衆生を愍れみ、慈弁を演べ、法眼を授く。三趣を杜《ふさ》ぎ、善門を開き、不請の法をもつて諸の黎庶に施すこと、純孝の子の父母を愛敬するがごとし。諸の衆生を視ること自己のごとし。一切の善本をもつて皆彼岸に度し、ことごとく諸仏の無量の功徳を獲しむ。智慧聖明なること不可思議なり。
是くのごときらの菩薩大士、称計すべからずして、一時に来会す。

【語　句】

**慢恣**……怠けて恣にすること。
**纏縛**……纏わりつき迷いに縛りつけるもの、すなわち煩悩の異名。
**中下**……三乗のうちの声聞と縁覚の二つをいう。
**総持**……よくすべてのものごとを摂め持って忘れ失わない智慧の力をいう。原語は、ダーラニー（dhāraṇī、陀羅尼）である。
**閑と不閑**……苦悩が弱く仏道を求める遑のある者と、強く苦に迫られてその遑がない者とをいう。
**度世の道**……「度」は出るということで、迷いの世から出離する出世間の道のこと。

【解　説】

ここは、前項に引き続いて、菩薩の「遊諸仏国」の相が述べられていて、菩薩の行う自利利他の行が語られ、諸仏供養の様子が示されている。しかし、ここに語られている菩薩の姿は、修行中の菩薩というよりは、すでに正覚を成じた仏陀のあり方として考えられるもののように思われる。中に「仏の所住には皆すでに住することを得、大聖の所立はもつて皆すでに立す」とあり、「諸の如来の弁才の智を得、衆の言音を入りて一切を開化す」ともあって、これらの表現からは、内容的には仏陀の教化活動といっても矛盾しない内容になっている。

それゆえ、第二十二願の還相回向にもとづく普賢の行相が説かれているのである、という真宗学的な解釈が可能になってくるのであるが、「証信序」においてかかる菩薩の解説がなされることを考えてみるに、やはり少しばかり腑に落ちない気がする。これほど長く、特徴的に菩薩の解説がなされるについては、何か特別な意図を考えて見る必要があろうと思われるが、いまそれを的確に指摘出来るまでには、論者の思考は煮詰まっていないのである。

ということで、ここもまたはなはだ心許ない解説であったが、これで列衆の説明がおわり、六事成就の「衆成就」が完成したわけである。最後の一行「是くのごときらの菩薩大士、……一時に来会す」がそのことを示している。

## 【三】発起序　五徳瑞現　出世本懐

爾時世尊諸根悦予姿色清浄光顔巍巍。尊者阿難承二仏聖旨一即従レ座起偏袒二右肩一長跪合掌而白レ仏言、今日世尊、諸根悦予姿色清浄光顔巍巍、如三明浄鏡影暢二表裏一。威容顕曜超絶無量。未二曾瞻覩一、殊妙如レ今。唯然。大聖我心念言、今日世尊住二奇特法一。今日世雄住二仏所住一。今日世眼住二導師行一。今日世英住二最勝道一。今日天尊行二如来徳一。去来現仏仏仏相念。得レ無三今仏念二諸仏一耶。何故威神光光乃爾。於レ是世尊告二阿難一曰、云何阿難諸天教レ汝来問レ仏耶、自以二慧見一問二威顔一乎。阿難白レ仏、無レ有二諸天来教レ我者一。自以二所見一問二斯義一耳。仏言、善哉阿難、所レ問甚快。発二深智慧真妙弁才一愍二念衆生一問二斯慧義一。如来以二無蓋大悲一矜二哀三界一。所三以出二興於世一、光二闡道教一欲下拯二群萌一恵以中真実之利上。無量億劫難レ値難レ見、猶二霊瑞華時時乃出一。今所レ問者多レ所二饒益一、開二化一切諸天人民一。阿難当レ知、如来正覚其智難レ量多レ所二導御一。慧見無礙無二能遏絶一。以二一餐之力一能住二寿命一億百千劫無数無量復過二於此一。諸根悦予不二以毀損一。姿色不レ変光顔無レ異。所以者何。如来定慧究暢無レ極、於二一切法一而得二自在一。阿難諦聴、今為レ汝説。対曰、唯然。願楽欲レ聞。

その時世尊、諸根悦予し姿色清浄にして光顔巍々とましします。尊者阿難、仏の聖旨を承けてすなはち座より起ち、ひとへに右の肩を袒《かたぬ》ぎ長跪合掌して、仏に白《もう》して言さく、「今日世尊、諸根悦予し姿色清浄にして光顔巍々とましますこと、明浄なる鏡の影表裏に暢《とお》るがごとし。威容顕曜にして超絶したまへること無量なり。いまだかつて瞻覩《せんと》せず、殊妙なること今のごとくましますをば。唯然なり。大聖、我心に念言すらく、今日世尊、奇特の法に住したまへり。今日世雄、仏の所住に住したまへり。今日世眼、導師の行に住したまへり。今日世英、最勝の道に住したまへり。今日天尊、如来の徳を行じたまへり。去来現の仏、仏と仏とあい念じたまふ。今の仏も諸仏を念じたまふこと無きことを得んや。何が故ぞ威神光々たることいまし爾るや」と。ここにおいて世尊、阿難に告げて曰はく、「如何が阿難、諸天の汝を教へて来りて仏に問はしむるや、みづから慧見をもつて威顔を問へるや」と。阿難、仏に白さく、「諸天の来りて我を教ふる者有ることと無し。みづから所見をもつてこの義を問ひたてまつるのみ」と。仏言はく、「善いかな阿難、問へるところ甚だ快し。深き智慧真妙の弁才を発し、衆生を愍念してこの慧義を問へり。如来、無蓋《むがい》の大悲をもつて三界を矜哀《こうあい》したまふ。世に出興する所以は、道教を光闡して群萠を拯ひ、恵むに真実の利をもつてせんと欲すればなり。無量億劫にも値ひがたく見《まみ》えがたきこと、なほ霊瑞華の時ありて時にいまし出づるがごとし。今問へるところは饒益するところ多く、一切の諸天人民を開化す。阿難、まさに知るべし、如来の正覚はその智量りがたくして、導御するところ多し。慧見無礙にしてよく遏絶すること無し。一餐の力をもつてよく寿命を住めたまふこと億百千劫無数無量にして、またこれよりも過ぎたり。諸根悦予してもつて毀損せず。姿色変ぜず光顔異なること無し。所以は何ん。如来は定と慧と究暢したまへること極まり無く、一切の法において自在を得たまへればなり。阿難、諦らかに聴け、今汝がために説かん」と。対へて曰さく、「唯然なり。願楽して聞きたてまつらんと欲す」と。

【語　句】

**光顔巍々**……釈尊の光輝くかんばせで、高く秀でているおすがた。

**長跪合掌**……両膝をついて両足の指を地に立てて坐して、合掌礼拝すること。非常に丁寧な挨拶の仕方である。

**奇特の法**……以下の五種は、いわゆる「五徳」といわれる、阿難が受け取った釈尊の示された特別なお姿・境地をいうもの。これはその第一で、格別な定にもとづいて、特に麗しい身体的お姿にあることをいう。

**仏の所住**……さとりを開いて平等なる真理そのものに安住した、仏の最高の境地を意味していて、

「普等三昧」であるとか、「大寂定」だとかいわれる。

**導師の行**……世の導師として、人々を真実へと導く利他の行。

**最勝の道**……仏陀の最勝の智慧の境地をいう。第三の徳、利他に対すれば自利にあたる。

**如来の徳**……自利利他二利の徳ということであるが、如来不共の徳ということで、如来徳とある。

**霊瑞華**……三千年に一度華をひらくといい、仏に逢いがたいことやめったにないことの譬えとして使われる植物の名。原名はudumbaraで、優曇華とか優曇鉢樹などとも音訳されている。

**【解　説】**

科段名にあるとおり、本『正依大経』を直接引き起こすための序、すなわち「発起序」である。いつになく麗しい釈尊のおすがた「諸根悦予し姿色清浄にして光顔巍々とましまます」のを拝した阿難が、心に思い浮かんだ五徳を述べつつ「何が故ぞ威神光々たることいまし爾るや」と問いを発するのである。釈尊はその問いをよくぞ問うてくれたと嘉しつつ、五徳を示された理由を、出世本懐の経、すなわち『仏説無量寿経』を説こうとしているためだとして、

如来、無蓋の大悲をもつて三界を矜哀したまふ。世に出興する所以は、道教を光闡して群萌を拯ひ、恵むに真実の利をもつてせんと欲すればなり。

と述べられるのである。釈尊が「五徳瑞現」した理由は、出世本懐の経・真実の経たる『正依大経』をいよいよ説こうとするにあたって、それだからこそ格別に秀でたお姿をとっているということなのである。こうして『無量寿経』の教えが説き出されるわけで、まさにそれを発起せしめる序文がこのところである。

釈尊四十五年間の衆生教化の眼目、この世に出世された第一の目的（本懐）は、この経を説き、私たち凡夫を浄土往生せしめるにあることが、このように語られているから、ここが「五徳瑞現　出世本懐」といわれているのである。

五徳の構造についてであるが、解説者によっては意味合いが少しずつ異なって解説されている。どれが正しくて絶対であるというものでもなかろうが、深励師は、五徳の総句は第二の「仏の所住」にあるとしていて、「大経演説の所依の定なり。諸仏阿弥陀を念ずる定なり」という定に入っていることを意味しているものとしている。他の四徳は、その第二の徳を開いたものであって、第一はそれが身体に現れたもの、第三以下は、第二の住仏所住の定に具わるところの、仏の自利利他二利の功徳を開いたもの、と解説されている（前掲書二一四〜二二五頁）。論者は今、この解釈が一番にしっくり来ている。それで、語注もそれを参考にして記しているところである。

言うまでもなく、宗祖親鸞聖人は、『教行信証』「教文類」のはじめに、それ真実の教を顕さば、すなはち『大無量寿経』これなり。この経の大意は、弥陀、誓を超発して、広く法蔵を開きて、凡小を哀れんで選んで功徳の宝を施することを致す。釈迦、世に出興して、道教を光闡して、群萌を拯ひ恵むに真実の利をもってせんと欲すなり。

（註釈版一三五頁）

と述べられ、『正依大経』を「真実の教」として、釈尊の出世の本懐（出世の一大事）を、本経を説き示すことにあると語られているが、そのことの明証として、この発起序の文を、阿難の言から以後全文を引かれている。そういう意味で、ここは非常に大切なご文ということができる。こころして拝読する必要があろう。真実教たる『無量寿経』の大意を宗祖はどう受け取っているか、本尊阿弥陀仏に対するところの釈迦牟尼仏の位置づけ等々、しっかりと確認されたい。

## 【四】法蔵発願　五十三仏

仏告二阿難一、乃往過去久遠無量不可思議無央数劫錠光如来興二出於世一教二化度三脱無量衆生一、皆令レ得レ道乃取二滅度一。次有二如来一名曰二光遠一。次名二月光一。次名二栴檀香一。次名二善山王一。次名二須弥天冠一。次名二須弥等曜一。次名二月色一。次名二正念一。次名二離垢一。次名二無著一。次名二龍天一。次名二夜光一。次名二安明頂一。

次名㆓不動地㆒。次名㆓瑠璃妙華㆒。次名㆓瑠璃金色㆒。次名㆓金蔵㆒。次名㆓焔光㆒。次名㆓焔根㆒。次名㆓地動㆒。次名㆓月像㆒。次名㆓日音㆒。次名㆓解脱華㆒。次名㆓荘厳光明㆒。次名㆓海覚神通㆒。次名㆓水光㆒。次名㆓大香㆒。次名㆓離塵垢㆒。次名㆓捨厭意㆒。次名㆓宝焔㆒。次名㆓妙頂㆒。次名㆓勇立㆒。次名㆓功徳持慧㆒。次名㆓蔽日月光㆒。次名㆓日月瑠璃光㆒。次名㆓無上瑠璃光㆒。次名㆓最上首㆒。次名㆓菩提華㆒。次名㆓月明㆒。次名㆓日光㆒。次名㆓華色王㆒。次名㆓水月光㆒。次名㆓除癡瞑㆒。次名㆓度蓋行㆒。次名㆓浄信㆒。次名㆓善宿㆒。次名㆓威神㆒。次名㆓法慧㆒。次名㆓鸞音㆒。次名㆓師子音㆒。次名㆓龍音㆒。次名㆓処世㆒。如㆑此諸仏皆悉已過。

仏、阿難に告げたまはく、「乃往過去久遠無量不可思議無央数劫に錠光如来世に興出し無量の衆生を教化し度脱して、皆道を得しめてすなはち滅度を取りたまへり。次に如来有《ましま》して名づけて光遠と曰ふ。次を月光と名づく。次を栴檀香と名づく。次を善山王と名づく。次を須弥天冠と名づく。次を須弥等曜と名づく。次を月色と名づく。次を正念と名づく。次を離垢と名づく。次を無著と名づく。次を龍天と名づく。次を夜光と名づく。次を安明頂と名づく。次を不動地と名づく。次を瑠璃妙華と名づく。次を瑠璃金色と名づく。次を金蔵と名づく。次を焔光と名づく。次を焔根と名づく。次を地動と名づく。次を月像と名づく。次を日音と名づく。次を解脱華と名づく。次を荘厳光明と名づく。次を海覚神通と名づく。次を水光と名づく。次を大香と名づく。

次を離塵垢と名づく。次を捨厭意と名づく。次を宝焔と名づく。次を妙頂と名づく。次を勇立と名づく。次を功徳持慧と名づく。次を蔽日月光と名づく。次を日月瑠璃光と名づく。次を無上瑠璃光と名づく。次を最上首と名づく。次を菩提華と名づく。次を月明と名づく。次を日光と名づく。次を華色王と名づく。次を水月光と名づく。次を除癡瞑と名づく。次を度蓋行と名づく。次を浄信と名づく。次を善宿と名づく。次を威神と名づく。次を法慧と名づく。次を鸞音と名づく。次を師子音と名づく。次を龍音と名づく。次を処世と名づく。かくのごときの諸仏皆ことごとくすでに過ぎたまへり。

**【語　句】**

**錠光如来**……過去世に出現した仏名で、梵語 Dīpaṃkara の音訳で、意訳して撚灯仏という。釈迦仏の前生に授記（将来における成仏の予言を与えること）した仏として知られている。

**【解　説】**

この科段から正宗分に入る。

しかしながら、この出だしの部分は、世自在王仏にいたるまでの過去仏が五十三名挙げられているだけであるから、ことさらの解説は必要ないのであろう。仏教学的には、ここに挙げられている仏名の出来などが問題になるかも知れないが、いま論者の関心の埒外にある。よって、これで解説を終えてもよいと思う。が、よく議論されることであるから、この「過去五十三仏」の時代的な配列についてだけ、少しばかり解説しておきたい。

それは、五十三仏名を連ねるところに出る「次有如来名曰光遠」「次名月光」等とある、「次」の字についての問題である。サンスクリット本の対応語は「pareṇa parataraṃ」で、これは時代を遡って「前に」という意味だというのである。だから、『如来会』も『荘厳経』も「前」と訳されているし、事実、チベット訳でもそうなっている。よってここの次も、「時代を遡って前に」と解釈されるべきだという意見になってくるのである（藤田宏達著『原始浄土思想の研究』一七七頁等々）。この説に従えば、ここの記述では、錠光如来が一番新しい仏陀で、五十三仏目の処世仏が最古の仏ということになる。これに依るべきか否か、というのである。

論者は今、必ずしもこれに従う必要はないと考えている。先の語は、過去だけに用いる副詞句として、エジャートンがいうようには、必ずしも断定できないような気がしているからである。モニエル辞典には、過去に向かって遡っても、未来に向かって時代が経っても、との両用に解釈できる余地のある説明が見られるし、私が教えをいただいた高名な仏教研究者も、過去でも未来でもどちらでも使用可能、と語られていたからである。また本経の「次」の字の解釈として、明らかに未来に向かって次にと述べていると思われるからである。例の深励師は、「次前と次後の義との二義あると見える」と、『華厳経』の例を検討しつつ語っている（前掲書二四九頁）。

こうした先例に従って解釈することは、それほど不合理なことではないと考えられよう。こういう考察を踏まえて、論者は今、錠光如来が一番古い過去仏で、初めてこの闇夜に仏法のともしびを点灯した仏、それから数えて五十四仏目が世自在王仏、阿弥陀仏はその弟子に当たるから、さらに後に出現した仏と考えている。世自在王仏と阿弥陀仏（法蔵菩薩）の時代的な先後は動かし得ないから、こう考える方が、過去諸仏の時代的な先後関係がギクシャクしないで、一列に並んで、理解しやすいであろう。

## 【五】法蔵発願　讃仏偈

爾時次有レ仏名二世自在王如来応供等正覚明行足善逝世間解無上士調御丈夫天人師仏世尊一。時有二国王一。聞二仏説法一心懐二悦予一。尋発二無上正真道意一。棄レ国捐レ王行作二沙門一号曰二法蔵一。高才勇哲与レ世超異。詣二世自在王如来所一稽二首仏足一右繞三帀長跪合掌、以レ頌讃曰、

**その時次に仏有して、世自在王如来・応供・等正覚・明行足・善逝・世間解・無上士・調御丈夫・天人師・仏・世尊と名づけたてまつる。時に国王有り。仏の説法を聞きて心に悦予を懐く。すなはち無上正真道の意を発す。国を棄て王を捐てて行じて沙門と作り、号して法蔵と曰ふ。高才勇哲にして世と超異す。世自在王如来の所《みもと》に詣でて、仏足を稽首し右に繞ること三帀《さんぞう》し長跪合掌して、頌をもつて讃じて曰はく、**

**【語　句】**

**無上正真道の意**……最高最上のさとりの智慧を求める心。阿耨多羅三藐三菩提心、無上菩提心ともいう。

**右に繞ること三帀**……尊敬の気持ちを表して、右回りに三周すること。

**【解　説】**

過去の第五十四番目の仏として、世自在王仏がここで登場する。文中に記されているように、法蔵菩薩の師仏であるから、格別の気持ちを込めてであろう、仏の十号とともに示されている。この仏の下で、国王であった一人の人物が、その位を捨てて出家することが述べられている。「号して法蔵と曰ふ」と簡潔に出ている。言わずと知れたわが阿弥陀如来の因位の名、法蔵比丘（菩薩）のことである。彼が、世自在王仏の所に詣でて、讃仏の偈を申し上げるのである。

ここに示されている如来・応供〜仏・世尊の十一の呼び名は、「仏の十号」あるいは「如来の十号」として知られる仏陀に対する敬称である。十一種を十とまとめるために、少しばかり特異な数え方をするが、これは辞書や概論書等の説明を参照されたい。また一々の語の意味説明もそちらに譲る。

光顔巍巍　威神無レ極　如レ是焔明　無二与等者一
日月摩尼　珠光焔耀　皆悉隠蔽　猶二若聚墨一
如来容顔　超レ世無レ倫　正覚大音　響流二十方一
戒聞精進　三昧智慧　威徳無レ侶　殊勝希有
深諦善念二　諸仏法海一　窮レ深尽レ奥　究二其涯底一
無明欲怒　世尊永無　人雄師子　神徳無量
功勲広大　智慧深妙　光明威相　震二動大千一
願我作レ仏　斉二聖法王一　過二度生死一　靡レ不二解脱一
布施調意　戒忍精進　如レ是三昧　智慧為レ上

【五】法蔵発願　讃仏偈

吾誓得レ仏　普行二此願一　一切恐懼　為作二大安一
仮使有レ仏　百千億万　無量大聖　数如二恒沙一
供二養一切　斯等諸仏一　不レ如二求レ道　堅正不一レ却
譬如二恒沙一　諸仏世界　復不レ可レ計　無数刹土
光明悉照　徧二此諸国一　如レ是精進　威神難レ量
令二我作レ仏　国土第一一　其衆奇妙　道場超絶
国如二泥洹一　而無二等双一　我当三哀愍　度二脱一切一
十方来生　心悦清浄　已到二我国一　快楽安穏
幸仏信明　是我真証　発レ願於レ彼　力二精所欲一
十方世尊　智慧無礙　常令三此尊　知二我心行一
仮令身止二　諸苦毒中一　我行精進　忍終不レ悔

〈光顔巍々として威神極まり無し。是くのごとき焔明ともに等しき者無し。日月・摩尼珠の光の焔耀も皆ことごとく隠蔽せられて、なほ聚墨のごとし。如来の容顔は世に超えて倫《たぐい》無し。正覚の大音響き十方に流る。戒と聞と精進と三昧と智慧とは威徳侶《ともがら》無く、殊勝にして希有なり。深く諦らかによく諸仏の法海を念じ、深きを窮め奥を尽してその涯底を究む。無明と欲と怒りとは世尊に永く無《ま》しまさず。人雄師子にして神徳無量なり。功勲広大にして智慧深妙なり。光明の威相は大千を震動す。

願はくは我仏と作り聖法王に斉《ひと》しく、生死を過度して解脱せざることなからしめん。布施・調意・戒・忍・精進、是くのごときの三昧と智慧とは上《すぐ》れたりと為さん。吾誓ふ、仏を得たらんにあまねくこの願を行じて、一切の恐懼にために大安と作らん。たとひ仏有して百千億万の無量の大聖数恒沙のごとくならんに、一切のこれらの諸仏を供養したてまつるよりは、道を求むること堅正にして却《しりぞ》かざるには如かじ。譬へば恒沙のごとき諸仏の世界また計ふべからざる無数の刹土あるも、光明ことごとく照らしてこの諸国に徧からしめん。是くのごとく精進して威神量りがたからん。我仏と作らんに国土をして第一ならしめん。その衆奇妙にして道場超絶し、国泥洹《ないおん》のごとくして等しく双ぶもの無からしめん。我まさに哀愍して一切を度脱すべし。十方より来生せんもの心悦清浄にして、すでに我が国に到らば快楽安穏ならしめん。

幸《ねが》はくは仏信明したまへ、是我が真証なり。願を発してかしこにおいて所欲を力精せん。十方の世尊智慧無礙にまします。つねにこの尊をして我が心行を知らしめん。たとひ身は諸の

**苦毒の中に止まるも、我が行精進して忍びてつひに悔いじ〉」と。**

**【語　句】**

**大千**……三千大千世界のこと。一須弥山世界の千の三乗倍の広さという。

**調意**……布施行を修めて、惜しみむさぼる貪欲の心を調えていること。すなわち、布施行の対治を意味している。本来、六波羅蜜行にすべて対治があるはずであるが、ここでは布施行にだけ代表で挙げて、他は省略しているという（深励師前掲書二六八頁）。

**【解　説】**

法蔵比丘の、世自在王仏に対する功徳讃嘆の偈である。が、訓読文を三段に分けているように、内容も三つに分かれている。世自在王の功徳の文字通りの讃嘆の部分、自分もこの師仏のように成仏して、人々を救いたい。どのように困難な行であろうとも必ず達成して、最第一の仏国土を建立し、人々に安穏を与える存在になりたいという、法蔵の発願の部分、そして最後は、世自在王仏あるいは諸仏に対して、この発願が真実であることの証明に立って欲しいという希望表明の部分である。

中でも注目すべき表現は、「百千億万　無量大聖　数如恒沙　供養一切　斯等諸仏　不如求道　堅正不却」といって、長大で困難な行を果たしとげる決意が表明されているところとか、建立すべき仏国土の特徴として「光明悉照」とあったり、「国如泥洹」と示されているところであろうか。わが浄土の特徴が先取りされているように思われる。

表現の意味は、註釈版聖典の脚註等を参考にして、丁寧に読み進めれば理解に困難なところはないであろう。「調意」については語注に記した。それを見よ。

## 【六】法蔵発願　思惟摂取

仏告二阿難一、法蔵比丘説二此頌一已而白レ仏言、唯然。世尊我発二無上正覚之心一。願仏為レ我広宣二経法一。我当下修行摂二取仏国一清浄荘中厳無量妙土上。令下我於レ世速成二正覚一抜中諸生死勤苦之本上。仏語二阿難一、時世饒王仏告二法蔵比丘一、如レ所二修行一荘厳仏土汝自当レ知。比丘白レ仏、斯義弘深非二我境界一。唯願世尊広為敷二演諸仏如来浄土之行一。我聞レ此已当三如レ説修行成二満所願一。爾時世自在王仏知二其高明志願深広一、即為二法蔵比丘一而説レ経言、譬如丁大海一人升量経二歴劫数一尚可丙窮レ底得乙其妙宝甲。人有二至レ心精進求レ道不レ止会当二剋果一。何願不レ得。於レ是世自在王仏即為広説二二百一十億諸仏刹土天人之善悪国土之麁妙一、応二其心願一悉現与レ之。時彼比丘聞二仏所説一厳浄国土皆悉覩見超二発無上殊勝之願一。其心寂静志無二所著㆒。一切世間無㆓能及者㆒。具㆓足五劫㆒思惟摂㆓取荘厳仏国清浄之行㆒。阿難白㆑仏、彼仏国土寿量幾何。仏言、其仏寿命四十二劫。時法蔵比丘摂㆓取二百一十億諸仏妙土清浄之行㆒。如㆑是修已詣㆓彼仏所㆒稽首礼㆑足繞㆑仏三帀合掌而住、白㆑仏言、世尊我已摂㆓取荘厳仏土清浄之行㆒。仏告㆓比丘㆒、汝今可㆑説。宜㆑知、是時。発㆓起悦㆔可一切大衆㆒。菩薩聞已、修㆓行此法㆒縁致㆔満㆓足無量大願㆒。比丘白㆑仏、唯垂㆓聴察㆒。如㆓我所願㆒当㆓具説㆑之。

仏、阿難に告げたまはく、「法蔵比丘、この頌を説きをはりて仏に白して言さく、〈唯然なり。世尊、我無上正覚の心を発せり。願はくは仏我がために広く経法を宣べたまへ。我まさに修行して仏国を摂取し清浄に無量の妙土を荘厳すべし。我をして世においてすみやかに正覚を成じ、諸の生死勤苦の本を抜かしめたまへ〉」と。仏、阿難に語りたまはく、「時に世饒王仏《せにようおうぶつ》、法蔵比丘に告げたまはく、〈修行するところのごとき荘厳の仏土、汝みづからまさに知るべし〉と。比丘仏に白さく、〈この義弘深にして我が境界にあらず。ただ願はくは世尊、広くために諸仏如来の浄土の行を敷演したまへ。我これを聞きをはりてまさに説のごとく修行して所願を成満すべし〉と。その時世自在王仏その高明の志願の深広なるを知りたまひて、すなはち法蔵比丘のためにもつて経を説きて言はく、〈譬へば大海ありて一人升量せんに、劫数を経歴せばなほ底を窮めてその妙宝を得べきがごとし。人心を至して精進し道を求めて止まざること有らば、かならずまさに剋果すべし。何れの願か得ざらんや〉と。ここにおいて世自在王仏すなはちために広く二百一十億の諸仏の刹土の天人の善悪、国土の麁妙を説きて、その心願に応じてことごとく現じてこれを与へたまふ。時にかの比丘仏の所説を聞きて、厳浄の国土皆ことごとく覩見して、無上殊勝の願を超発す。その心寂静にして志所著無し。一切の世間によく及ぶ者無し。五劫を具足し思惟して、荘厳仏国の清浄の行を摂取す」と。阿難仏に白さく、「かの仏国土の寿量いくばくぞや」と。仏言はく、「その仏の寿命は四十二劫なり。時に法蔵比丘、二百一十億の諸仏の妙土の清浄の行を摂取しき。是くのごとく修しをはりて、かの仏の所に詣で、稽首し足を礼し仏を繞ること三帀し合掌して住して、仏に白して言さく、〈世尊、我すでに荘厳仏土の清浄の行を摂取せり〉と。仏、比丘に告げたまはく、〈汝今説くべし。よろしく知るべし、是時なりと。一切の大衆を発起し悦可せしめよ。菩薩聞きをはりて、この法を修行し縁りて無量の大願を満足することを致さん〉と。比丘仏に白さく、〈ただ聴察を垂れたまへ。我が所願のごとくまさにつぶさに之を説くべし。

【語　句】

**世饒王仏**……先には「世自在王如来」とあり、直後には「世自在王仏」という名で出る仏陀のこと。

何故突然にこういう訳語で出るのか、論者には解せない気がする。

**剋果**……必ず果たしとげるということ。

**【解　説】**

無上菩提心を発した法蔵比丘が、具体的に本願を立てるにあたり、選択・摂取するための材料として、世自在王仏から「二百一十億の諸仏の刹土の天人の善悪、国土の麁妙」を示されたことが初めに説かれている。この所説を聞き、法蔵は、「無上殊勝の願を超発」したわけであるが、「五劫を具足し思惟して、荘厳仏国の清浄の行を摂取す」と記されているように、いわゆる「五劫思惟」の結果、法蔵菩薩の四十八願は立てられたというのである。

五劫という時間は、極めて長大な時間であるので、単に本願を立てるための、選択・摂取することの思惟のための時間ではなくて、「修行」の時間が含まれているのである、という説がある（中国の浄影大師等）。しかし宗祖聖人の解釈は、いうまでもないことであるが、すべて選択のための思惟の時間とする。「正信偈」に「無上殊勝の願を建立し、希有の大弘誓を超発せり。五劫これを思惟して摂受す」とあり（註釈版二〇三頁）、『正像末和讃』に「超世無上に摂取し　選択五劫思惟して　光明・寿命の誓願を　大悲の本としたまへり」と述べられている（註釈版六〇三頁）ことに明らかである。議論の余地はない。「無上殊勝の願」にして「超世希有」の本願、本来助からない罪悪深重の凡夫を残らず救うための本願、この建立の偉大性・困難性を、この「五劫思惟」の語が示しているのであろう。

阿難は、この五劫を聞いたためであろうか。それではとて、仏の寿命の長さを問うている。答えは四十二劫ということであるが、これは一応世自在王仏の寿命で、これについても大劫か中劫かなどという議論がある。今は本筋からはずれるのでこれ以上の言及は控えておこう。もちろん阿弥陀仏の寿命は無量寿であって、寿命は、第十三「寿命無量の願」からしても問題になってこない。

ところで、発願の時の法蔵の修行階位については、「聖種性位」にあるときであったという。これまで『正依大経』には、先の「五劫思惟」のところに多少修行的な文字が用いられている以外には、修行に関しては何も述べられていないので、四十八の発願は無上菩提心を発した修行開始の最初の時と、論者は何となく思い込んでいたのであるが、この「聖種性位」という階位は、そういうものではない。『往生論註』上巻の「性功徳成就」の記述部分に、

法蔵菩薩、世自在王仏の所に於て、無生法忍を悟りたまへり。爾の時の位を聖種性と名づく。是の性の中に於て四十八の大願を発して此の土を修起せり。

とあるごとくで（拙著『曇鸞《往生論註》の講究』一二八頁）、このところの解説に深励師の解釈も

示しておいたところである（同書一三一・一三二頁）。この説は、深励前掲書『無量寿経講義』二五六頁にも記されているが、結局、聖種性とは第八地の無生法忍の菩薩位で、この境地に於て法蔵比丘は発願したということなのである。

こういう菩薩の高位にあればこそ、「無上殊勝の願」を発することができた、あるいは、かかる大菩薩大聖人の立てたまうた本願であるからこそ、あらゆる衆生を救済対象にし得た強力無礙なる願になり得た、ということなのであろうか。ともかく、「五劫思惟」とか聖種性位での発願ということの意味合いを、おろそかに考えてはならないようである。

こうして、これを愛でた世自在王仏の勧めによって、ついに、法蔵比丘（阿弥陀仏）の四十八願が説き出されるのである。

## 【七】法蔵発願　四十八願

設我得レ仏国有二地獄餓鬼畜生一者不レ取二正覚一。

設我得レ仏国中人天寿終之後復更二三悪道一者不レ取二正覚一。

設我得レ仏国中人天不二悉真金色一者不レ取二正覚一。

設我得レ仏国中人天形色不同有二好醜一者不レ取二正覚一。

設我得レ仏国中人天不レ識二宿命一下至レ不レ知二百千億那由他諸劫事一者不レ取二正覚一。

設我得レ仏国中人天不レ得二天眼一下至レ不レ見二百千億那由他諸仏国一者不レ取二正覚一。

設我得レ仏国中人天不レ得二天耳一下至下聞二百千億那由他諸仏所説一不中悉受持上者不レ取二正覚一。

設我得レ仏国中人天不レ得下見二他心一智上下至レ不レ知二百千億那由他諸仏国中衆生心念一者不レ取二正覚一。

設我得レ仏国中人天不レ得二神足一於二一念頃一下至レ不レ能三超二過百千億那由他諸仏国一者不レ取二正覚一。

設我得レ仏国中人天若起二想念一貪二計身一者不レ取二正覚一。

設我得レ仏国中人天不下住二定聚一必至中滅度上者不レ取二正覚一

設我得レ仏光明有二能限量一下至レ不レ照二百千億那由他諸仏国一者不レ取二正覚一。

設我得レ仏寿命有二能限量一下至二百千億那由他劫一者不レ取二正覚一。

設我得レ仏国中声聞有二能計量一下至下三千大千世界声聞縁覚於二百千劫一悉共計挍知中其数上者不レ取二正覚一。

設我得レ仏国中人天寿命無二能限量一。除二其本願修短自在一。若不レ爾者不レ取二正覚一。

設我得レ仏国中人天乃至聞レ有二不善名一者不レ取二正覚一。

**（一）　たとひ我仏を得たらんに、国に地獄・餓鬼・畜生有らば正覚を取らじ。**

（二）たとひ我仏を得たらんに、国中の人天寿終りての後にまた三悪道に更《かえ》らば正覚を取らじ。
（三）たとひ我仏を得たらんに、国中の人天ことごとく真金色ならずは正覚を取らじ。
（四）たとひ我仏を得たらんに、国中の人天形色不同にして好醜有らば正覚を取らじ。
（五）たとひ我仏を得たらんに、国中の人天宿命を識《さと》らずして、下百千億那由他の諸劫の事を知らざるに至らば正覚を取らじ。
（六）たとひ我仏を得たらんに、国中の人天天眼を得ずして、下百千億那由他の諸仏の国を見ざるに至らば正覚を取らじ。
（七）たとひ我仏を得たらんに、国中の人天天耳を得ずして、下百千億那由他の諸仏の所説を聞きてことごとく受持せざるに至らば正覚を取らじ。
（八）たとひ我仏を得たらんに、国中の人天他心を見る智を得ずして、下百千億那由他の諸仏の国中の衆生の心念を知らざるに至らば正覚を取らじ。
（九）たとひ我仏を得たらんに、国中の人天神足を得ずして、一念の頃において下百千億那由他の諸仏の国を超過することあたはざるに至らば正覚を取らじ。
（一〇）たとひ我仏を得たらんに、国中の人天もし想念を起して身を貪計せば正覚を取らじ。
（一一）たとひ我仏を得たらんに、国中の人天定聚に住しかならず滅度に至らずは正覚を取らじ。

**（一二）たとひ我仏を得たらんに、光明よく限量有りて下百千億那由他の諸仏の国を照らさざるに至らば正覚を取らじ。**

**（一三）たとひ我仏を得たらんに、寿命よく限量有りて下百千億那由他劫に至らば正覚を取らじ。**

**（一四）たとひ我仏を得たらんに、国中の声聞よく計量ありて、下三千大千世界の声聞・縁覚、百千劫においてことごとくともに計挍《けきょう》してその数を知るに至らば正覚を取らじ。**

**（一五）たとひ我仏を得たらんに、国中の人天寿命よく限量無からん。その本願ありて修短自在なるを除く。もし爾らずは正覚を取らじ。**

**（一六）たとひ我仏を得たらんに、国中の人天乃至不善の名有りと聞かば正覚を取らじ。**

**【解　説】**

ここの十六の本願文のくだくだしい内容解説は不要であろうし、一々の願名の指摘も、註釈版聖典の脚註に譲って、今は省略に従う。ただ、第十一、十二、十三の三願は、宗祖によって真実願とされるものであるから、これらについては、多少なりとも解説を加えておかねばなるまい。

第十一願は、必至滅度の願。願事は、正定聚・不退転と滅度とであるが、諸氏の解釈が前者の正定聚の利益に重点があるのに対して、宗祖聖人の重点は、後者の滅度にある。「証文類」には、「必至滅度の願」と『如来会』によるところの「証大涅槃の願」の二つの願名が示されている（註釈版三〇七頁）し、『浄土文類聚鈔』の「往相証果の願」というのもまた、滅度について述べるものであるからである。しかし、だからといって、正定聚という願事も無視できない。「往相回向の心行を獲れば、即のときに大乗正定聚の数に入るなり。正定聚に住するがゆゑに、かならず滅度に至る」と「証文類」に記されている（註釈版三〇七頁）し、後に出る下巻の第十一願成就文が、「それ衆生ありてかの国に生るるものは、みなことごとく正定の聚に住す。ゆゑはいかん。かの仏国のなかにはもろもろの邪聚および不定聚なければなり」と訓読されていて（註釈版四一頁）、「現生正定聚」が、わが真宗の動かすべからざる定説であるからである。願文は、「国中の人天」とあって、往生後の正定聚を意味しているが、宗祖はこれを現生のことと理解している。そのことについては、ここでの殊更の説明はもはや不要であろうと思う。

第十二は光明無量の願、第十三は寿命無量の願で、弥陀の覚体を誓われた願である。光明とは智慧に他ならないから、無量の智慧を獲得し最勝の仏陀として降臨し、永遠に迷える衆生を済度し続ける如来たらんということである。通常、この二願は「摂法身の願」といわれて、得べき仏の身体を誓われた願であるとされているが、無量光（Amitābha）、無量寿（Amitāyus）が、阿弥陀仏の、時間的空間的な限定を超えて、すべての衆生を救済する徳を意味しているように、私たちの救いの淵源を示していると理解する方がよかろうと思う。弥陀成仏の因果が、これがそのまま衆生往生の因果に他ならないのであって、この衆生往生の果としての「証果」を得しめられる根源がここにあるということである。もっとも、いまだ因が示されただけで、果の成就は少し先のはなしではあるが。

第十四は「声聞無量の願」といわれるものである。真宗教義においては、往生即成仏を説くので、浄土には声聞（そして菩薩も）あり得ないはずである。そこで、「従果向因」の菩薩という観念を用いて説明する。安楽浄土の聖衆は、ことごとく因門では菩薩であるが、果門をもってすれば、仏そのものに他ならない。そのうち声聞といわれているのは、他方世界で声聞であったものがこの世界に往生してきた場合に、昔の名前で呼ばれているだけだ、とするのである。これは、『論註』上巻の大義門功徳釈に出る解釈である（前掲拙著一八九頁以下を参照されたい）。したがって、真宗では、この願を文言のとおりに受け取っているのではない。

設我得レ仏十方世界無量諸仏不三悉咨嗟称二我名一者不レ取二正覚一。

設我得レ仏十方衆生至レ心信楽欲レ生二我国一乃至十念。若不レ生者不レ取二正覚一。唯除二五逆誹謗正法一。

設我得レ仏十方衆生発二菩提心一修二諸功徳一至レ心発願欲レ生二我国一。臨二寿終時一仮令不下与二大衆一囲繞現中其人前上者不レ取二正覚一。

設我得レ仏十方衆生聞ニ我名号一係ニ念我国一植ニ諸徳本一至心回向欲レ生ニ我国一。不ニ果遂一者不レ取ニ正覚一。

設我得レ仏国中人天不三悉成ニ満三十二大人相一者不レ取ニ正覚一。

設我得レ仏他方仏土諸菩薩衆来ニ生我国一究竟必至ニ一生補処一。除下其本願自在所レ化為ニ衆生一故被ニ弘誓鎧一積ニ累徳本一度ニ脱一切一、遊ニ諸仏国一修ニ菩薩行一供ニ養十方諸仏如来一、開ニ化恒沙無量衆生一使レ立ニ無上正真之道一、超ニ出常倫諸地之行一現前修中習普賢之徳上。若不レ爾者不レ取ニ正覚一。

設我得レ仏国中菩薩承ニ仏神力一供ニ養諸仏一一食之頃不レ能三偏至ニ無数無量那由他諸仏国一者不レ取ニ正覚一。

設我得レ仏国中菩薩在ニ諸仏前一現ニ其徳本一諸所ニ欲求一供養之具若不レ如レ意者不レ取ニ正覚一。

設我得レ仏国中菩薩不レ能三演ニ説一切智一者不レ取ニ正覚一。

設我得レ仏国中菩薩不レ得ニ金剛那羅延身一者不レ取ニ正覚一。

設我得レ仏国中人天一切万物厳浄光麗形色殊特窮微極妙無ニ能称量一。其諸衆生乃至逮ニ得天眼一有三能明了弁ニ其名数一者不取ニ正覚一。

設我得レ仏国中菩薩乃至ニ少功徳者一不レ能三知ニ見其道場樹無量光色高四百万里一者不レ取ニ正覚一。

設我得レ仏国中菩薩若受ニ読経法一諷誦持説而不レ得ニ弁才智慧一者不レ取ニ正覚一。

設我得レ仏国中菩薩智慧弁才若可ニ限量一者不レ取ニ正覚一。

設我得レ仏国土清浄皆悉照ニ見十方一切無量無数不可思議諸仏世界一、猶三如明鏡覩ニ其面像一。若不レ爾者不レ取二正覚一。

設我得レ仏自レ地已上至二于虚空一宮殿楼観池流華樹国中所有一切万物皆以二無量雑宝百千種香一而共合成、厳飾奇妙超二諸人天一其香普熏二十方世界一菩薩聞者皆修二仏行一。若不レ如レ是者不レ取二正覚一。

（一七）たとひ我仏を得たらんに、十方世界の無量の諸仏ことごとく咨嗟《ししゃ》して我が名を称せずは正覚を取らじ。

（一八）たとひ我仏を得たらんに、十方の衆生心を至し信楽して我が国に生ぜんと欲ひて乃至十念せん。もし生ぜずは正覚を取らじ。ただ五逆と誹謗正法とを除く。

（一九）たとひ我仏を得たらんに、十方の衆生菩提心を発し諸の功徳を修して心を至し発願して我が国に生ぜんと欲せん。寿終る時に臨みてもし大衆に囲繞せられてその人の前に現ぜずは正覚を取らじ。

（二〇）たとひ我仏を得たらんに、十方の衆生我が名号を聞きて念を我が国に係け諸の徳本を植ゑて至心回向して我が国に生ぜんと欲せん。果遂せずは正覚を取らじ。

（二一）たとひ我仏を得たらんに、国中の人天ことごとく三十二大人相を成満せずは正覚を取らじ。

（二二）たとひ我仏を得たらんに、他方仏土の諸の菩薩衆我が国に来生して究竟してかならず一生補処に至らん。その本願ありて自在に化する所衆生のためのゆゑに、弘誓の鎧を被て徳本を積累し一切を度脱し、諸仏の国に遊んで菩薩の行を修し、十方の諸仏如来を供養したてまつり、恒沙無量の衆生を開化して無上正真の道を立せしめ、常倫諸地の行を超出し現前に普賢の徳を修習するを除く。もし爾らずは正覚を取らじ。

（二三）たとひ我仏を得たらんに、国中の菩薩仏の神力を承けて諸仏を供養したてまつり、一食の頃にあまねく無数無量那由他の諸仏の国に至ることあたはずは正覚を取らじ。

（二四）たとひ我仏を得たらんに、国中の菩薩諸仏の前《みまえ》に在りてその徳本を現じ諸の欲求するところの供養の具もし意のごとくならずは正覚を取らじ。

（二五）たとひ我仏を得たらんに、国中の菩薩一切智を演説することあたはずは正覚を取らじ。

（二六）たとひ我仏を得たらんに、国中の菩薩金剛那羅延の身を得ずは正覚を取らじ。

（二七）たとひ我仏を得たらんに、国中の人天一切万物の厳浄光麗にして形色殊特にして窮微極妙なることよく称量すること無からん。その諸の衆生すなはち天眼を逮得するに至りよく明了にその名数を弁《わきま》ふること有らば正覚を取らじ。

（二八）たとひ我仏を得たらんに、国中の菩薩すなはち少功徳の者に至るまで、その道場樹の無量の光色ありて高さ四百万里なるを知見することあたはずは正覚を取らじ。

（二九）たとひ我仏を得たらんに、国中の菩薩もし経法を受読し諷誦持説して弁才智慧を得ずは正覚を取らじ。

（三〇）たとひ我仏を得たらんに、国中の菩薩智慧弁才もし限量すべくは正覚を取らじ。

（三一）たとひ我仏を得たらんに、国土清浄にして皆ことごとく十方一切の無量無数不可思議の諸仏世界を照見すること、なほ明鏡にその面像を観るがごとくならん。もし爾らずは正覚を取らじ。

（三二）たとひ我仏を得たらんに、地より已上虚空に至るまで、宮殿・楼観・池流・華樹・国中のあらゆる一切万物皆無量の雑宝・百千種の香をもつてともに合成し、厳飾奇妙にして諸の人天に超え、その香あまねく十方世界に熏じて菩薩聞《か》がん者皆仏行を修せん。もし是くのごとくならずは正覚を取らじ。

【語　句】

**咨嗟**……ほめたたえること、讃嘆すること。

**一生補処**……この今の一生を迷いの世界に縛られるだけで、次の生には仏の位を補うべきもの。一生所繫ともいう。菩薩の最高位で、弥勒菩薩がその代表である。

**金剛那羅延の身**……大力を有する神で、金剛力士をいう。

逮得……獲得すること。

【解　説】

第十七願は、宗祖が「諸仏称揚の願」「諸仏称名の願」「諸仏咨嗟の願」等々と呼んで、「行文類」の核心とするものである。すなわち名号大行を誓われた願であり、諸仏をしてこの名号を讃嘆せしめることで、あらゆる衆生にその救済のはたらきを知らしめんとするものである。「称揚」も「称名」も、そして「咨嗟」も、すべて讃嘆という意味で、諸仏から讃嘆される仏になりたいという願であるが、もちろん名聞利養のためではない。衆生利益の完全を期して名号の功徳の周知徹底をはかるためである。釈尊が、諸仏のお一人として、「出世本懐」の経として『正依大経』（本願を宗致とし名号を経体とする経）をお説きになったのも、この願の結果と考えられている。名号成就の本願として、大悲の願の先頭に位置している。

善導大師は、四十八願のすべてを第十八願に摂めているが（『観経疏』玄義分）、法然聖人はこれを「王本願」と呼ぶ。宗祖はこれを受けて、「選択本願」と称していることは、「信文類」の最初の文（註釈版二一一頁）に明らかであるが、この十八願こそ衆生往生のための信心を誓った願である。何よりも、「信文類」に「至心信楽の願」として標挙されていることで明確なことで、この願名として

「本願三心の願」「往相信心の願」というのをみても頷けよう。

けれども、第十八願の願事は、信心のほかに「乃至十念」の念仏も誓われている。この念仏は、右の他力信心が開けおこった後に、念仏生活となってたもち続けられてゆくことを示している。一般に御恩報謝としての念仏などと説明されている。他力の信心を獲得すれば、「信心正因」としてその時点で往生・成仏の果が約束され、大なる利益が保証されることになるのであるが、この相続の念仏の初の一念は、『正依大経』下巻末に、

かの仏の名号を聞くことを得て歓喜踊躍して乃至一念せんこと有らん。まさに知るべし、この人は大利を得と為す。

とあるように、この念仏にも大利が語られている。これは、利益が別に二種あるということではなしに、往生・成仏の利益をどの時点で語るか、ということなのである。

善導大師が「称名正定業」と示し、法然聖人が「念仏往生の願」とこの願を呼んでおられるのは、もちろんのこと信心を得てその功徳を前提にした上で、ここの念仏に焦点を当てているのである。宗祖聖人がご本典の「行文類」の標挙に、「選択本願の行」と示すのも、同じこころであろう。ともかく、この第十八願が、私たち罪悪深重の凡夫の救われる因・他力の信心を誓った本願、すなわち選択本願なのである。

しかし、この信心が「至心・信楽・欲生」の三心で語られているから、これと『浄土論』のいう一心とどう関係するのかという問題が生じる。有名な「信文類」の中心論題の一つである。が、今はそれを指摘しておくだけで、その詳細についての解説は省略としておく。

最後に、「唯除五逆誹謗正法」について。『観経』「下品下生段」には、この五逆罪を犯したものも救われるとあるから、ここの記述と相違しているように思われる。それで、両経の違いをどう扱うかという問題、あるいはこういう除外例を認める阿弥陀仏の救いに対する「完全性」の議論が提起されてくる。『論註』上に示される解釈が始まりで、曇鸞大師の最終的な受け取り、あるいは善導大師の「抑止門」という解釈等々を踏まえて、いろいろと議論がなされてきている。結局、「謗法闡提回心皆往」とするのが善導の解釈で、この唯除の文は「釈迦の抑止なり」とするのが、真宗教義の正義である。

第十九・二十の二願は、「方便の願」とするのが宗祖の解釈である。「化身土文類」に標挙されているとおりである。浄土往生を願って諸行を修するのが第十九願で、「至心発願の願」という。このときの諸行とは、『観経』に説かれる定善・散善等の功徳を積むことで、これをもって浄土往生の行とするものたちは、化土の往生しかできない、というのである。他力のはたらきを信じず、疑っているからである。第二十願は、これまた他力のはたらきを信じずに、功徳の本たるお名号を自力で称え、その功徳を回向して浄土往生を願うものである。よって、これを「至心回向の願」という。お名号の功徳は、阿弥陀仏からの回向であって（本願力回向、他力回向）、私たちが回向するものではない。しかるに、これを回向しようとするから自力の念仏なのであるし、方便の願とされるのである。

ところで、第十九願には、臨終に仏の来迎が説かれている。これについて真宗がどう考えているかといえば、「諸行往生、自力の行者」の化土往生には臨終来迎があるが、報土往生にはその必要がないとして、これを認めてはいない。宗祖の言及など、詳しいことは『浄土真宗辞典』来迎の項（六七八頁）等を見られたい。また、第二十願を「果遂の願」というが、「方便化土への往生、あるいは弘願他力へ転入させること」が果遂の意味とされている。第二十願文からすれば、化土への往生を果たし遂げさせるというのは何の不思議もないが、後者の意味は少し考えねばならない。深励師は、この自力念仏を称えたことが縁・宿善となって、今生に他力の信心を得ることになり、この次の生に報土の往生をとげることだと解説されている（前掲書四〇七頁）。「化身土文類」には、

しかるにいまことに方便の真門を出でて、選択の願海に転入せり。すみやかに難思往生の心を離れて、難思議往生を遂げんと欲す。果遂の誓（第二十願）、まことに由あるかな。

（註釈版四一三頁）

とあって、弘願への転入という意味で、果遂の誓が語られている。方便の願の意義を、こうして有難

く受けとらねばなるまい。

次は第二十二願について。この願に対する宗祖独自の解釈であるが、還相回向を願ったものということである。曇鸞『往生論註』の教説をうけて、五果門の第五「園林遊戯地門」の菩薩のあり方を語ったものと解釈する。浄土から他方の世界に立ち戻って、衆生教化に従事する、すなわち普賢の行を実践する菩薩たらしめたいというのがこの願だという。願文の「除其本願」以下の文に重点をおいた解釈だが、「弘誓の鎧を被て徳本を積累し一切を度脱し」とか「恒沙無量の衆生を開化して無上正真の道を立せしめ」という経文に、還相の菩薩の姿は明らかであろう。

ここの訓読と註釈版のそれと比較して多少の相違があり、「～を除く」と返る位置が違っているが、これは訓みをサンスクリット本に一致させたためであって、内容理解には違いはない。なぜなら、「常倫諸地の行を超出し現前に普賢の徳を修習する」のを除くの外に出したとて、この表現が還相の菩薩の様子を語っているものと理解するのは共通で、より鮮明に別出するか、一生補処にさせるという最初の願事の除外例とするかの違いだけだからである。

ともかく、こうしてこの第二十二願は、宗祖独自の解釈で「還相回向の願」とされ、真実六願の一つとされているわけである。

これ以外の諸願の解説は、これまた省略に従う。「国中の菩薩」あるいは「国中の人天」の語に注目すれば、浄土の衆生が得る利益・功徳を誓ったものであるし、そういうものを真宗的には「成仏、証果」とか「還相」とかに集約することができようし、浄土の菩薩・人天をいかように位置づけるかといった問題になり、結局、前述した「従果向因の菩薩という観念」に帰着してしまうからである。が、第二十八の「道場樹の願」についていえば、これは十九・二十願同様方便の願とされている。『観経』が顕彰義からすれば方便の経であるように、数字をもって語る道場樹の高さなどは、あくまで化土の有り様であるといえよう。

第三十一「国土清浄の願」と第三十二「妙香合成の願」は、依報浄土を誓った願で、本文をみれば理解に苦しむことはなかろうと思う。

設我得レ仏十方無量不可思議諸仏世界衆生之類蒙二我光明一触二其身一者身心柔軟超二過人天一。若不レ爾者不レ取二正覚一。

設我得レ仏十方無量不可思議諸仏世界衆生之類聞二我名字一不レ得二菩薩無生法忍諸深総持一者不レ取二正覚一。

設我得レ仏十方無量不可思議諸仏世界其有二女人一聞二我名字一歓喜信楽発二菩提心一厭二悪女身一、寿終之後復為二女像一者不取二正覚一。

設我得レ仏十方無量不可思議諸仏世界諸菩薩衆聞二我名字一寿終之後常修二梵行一至レ成二仏道一。若不レ爾者不レ取二正覚一。

設我得レ仏十方無量不可思議諸仏世界諸天人民聞二我名字一五体投レ地稽首作レ礼歓喜信楽修二菩薩行一、諸天世人莫レ不レ致レ敬。　若不レ爾者不レ取二正覚一。

設我得レ仏国中人天欲レ得二衣服一随レ念即至。　如二仏所讃一応法妙服自然在レ身。　若有二裁縫擣染浣濯一者不レ取二正覚一。

設我得レ仏国中人天所レ受快楽不レ如二漏尽比丘一者不レ取二正覚一。

設我得レ仏国中菩薩随レ意欲レ見二十方無量厳浄仏土一応レ時如レ願於二宝樹中一皆悉照見、　猶三如明鏡覩二其面像一。　若不レ爾者不レ取二正覚一。

設我得レ仏他方国土諸菩薩衆聞二我名字一至三于得レ仏諸根闕陋不二具足一者不レ取二正覚一。

設我得レ仏他方国土諸菩薩衆聞二我名字一皆悉逮二得清浄解脱三昧一。　住二是三昧一一発レ意頃供二養無量不可思議諸仏世尊一而不レ失二定意一。　若不レ爾者不レ取二正覚一。

設我得レ仏他方国土諸菩薩衆聞二我名字一寿終之後生二尊貴家一。　若不レ爾者不レ取二正覚一。

設我得レ仏他方国土諸菩薩衆聞二我名字一歓喜踊躍修二菩薩行一具二足徳本一。　若不レ爾者不レ取二正覚一。

設我得レ仏他方国土諸菩薩衆聞二我名字一皆悉逮二得普等三昧一、　住二是三昧一至二于成仏一常見二無量不可思議一切諸仏一。　若不レ爾者不レ取二正覚一。

設我得㆑仏国中菩薩随㆓其志願㆒所㆑欲㆑聞法自然得㆑聞。若不㆑爾者不㆑取㆓正覚㆒。

設我得㆑仏他方国土諸菩薩衆聞㆓我名字㆒不㆔即得㆑至㆓不退転㆒者不㆑取㆓正覚㆒。

設我得㆑仏他方国土諸菩薩衆聞㆓我名字㆒不㆔即得㆑至㆓第一第二第三法忍㆒、於㆓諸仏法㆒不㆑能㆔即得㆓不退転㆒者不㆑取㆓正覚㆒。

（三三）たとひ我仏を得たらんに、十方無量不可思議の諸仏世界の衆生の類、我が光明を蒙りてその身に触れん者身心柔軟にして人天に超過せん。もし爾らずは正覚を取らじ。

（三四）たとひ我仏を得たらんに、十方無量不可思議の諸仏世界の衆生の類、我が名字を聞きて菩薩の無生法忍諸の深総持《じんそうじ》を得ずは正覚を取らじ。

（三五）たとひ我仏を得たらんに、十方無量不可思議の諸仏世界に其女人有りて、我が名字を聞きて歓喜信楽し菩提心を発して女身を厭悪せんに、寿終りての後にまた女像と為らば正覚を取らじ。

（三六）たとひ我仏を得たらんに、十方無量不可思議の諸仏世界の諸菩薩衆、我が名字を聞きて寿終りての後につねに梵行を修して仏道を成ずるに至らん。もし爾らずは正覚を取らじ。

（三七）たとひ我仏を得たらんに、十方無量不可思議の諸仏世界の諸天人民、我が名字を聞きて五体を地に投げて稽首して礼を作し歓喜信楽して菩薩の行を修せんに、諸天世人敬ひを致さざるはなからん。もし爾らずは正覚を取らじ。

（三八）たとひ我仏を得たらんに、国中の人天衣服を得んと欲せば念に随ひてすなはち至らん。仏の所讃のごとき応法の妙服自然に身に在らん。もし裁縫《ざいぶ》・擣染《とうぜん》・浣濯《かんじょく》すること有らば正覚を取らじ。

（三九）たとひ我仏を得たらんに、国中の人天受くるところの快楽、漏尽比丘のごとくならずは正覚を取らじ。

（四〇）たとひ我仏を得たらんに、国中の菩薩意に随ひて十方無量の厳浄の仏土を見んと欲せば、時に応じて願のごとく宝樹の中にして皆ことごとく照見すること、なほ明鏡にその面像を観るがごとくならん。もし爾らずは正覚を取らじ。

（四一）たとひ我仏を得たらんに、他方国土の諸菩薩衆我が名字を聞きて仏を得るに至るまで諸根闕《けつ》陋《る》して具足せずは正覚を取らじ。

（四二）たとひ我仏を得たらんに、他方国土の諸菩薩衆我が名字を聞きて皆ことごとく清浄解脱三昧を逮得せん。この三昧に住して一たび意を発す頃に無量不可思議の諸仏世尊を供養したてまつりて定意を失せざらん。もし爾らずは正覚を取らじ。

（四三）たとひ我仏を得たらんに、他方国土の諸菩薩衆我が名字を聞きて寿終りての後に尊貴の家に生ぜん。もし爾らずは正覚を取らじ。
(四四)たとひ我仏を得たらんに、他方国土の諸菩薩衆我が名字を聞きて歓喜踊躍して菩薩の行を修し徳本を具足せん。もし爾らずは正覚を取らじ。
(四五)たとひ我仏を得たらんに、他方国土の諸菩薩衆我が名字を聞きて皆ことごとく普等三昧を逮得し、この三昧に住して成仏に至るまでつねに無量不可思議の一切の諸仏を見たてまつらん。もし爾らずは正覚を取らじ。
(四六)たとひ我仏を得たらんに、国中の菩薩その志願に随ひて聞かんと欲するところの法自然に聞くことを得ん。もし爾らずは正覚を取らじ。
(四七)たとひ我仏を得たらんに、他方国土の諸菩薩衆我が名字を聞きてすなはち不退転に至ることを得ずは正覚を取らじ。
(四八)たとひ我仏を得たらんに、他方国土の諸菩薩衆我が名字を聞きてすなはち第一、第二、第三法忍に至ることを得ず、諸の仏法においてすなはち不退転を得ることあたはずは正覚を取らじ。〉」と。

**【語　句】**

【七】法蔵発願　四十八願

**無生法忍**……真理にかない形相を超えて不生不滅の真実をありのままにさとること。真宗では、これを喜忍・悟忍・信忍の三忍の徳義を有する他力の信心のこととしたり、正定聚・不退転位のこととしたりする。

**深総持**……深妙な総持ということ。総持とは陀羅尼（dhāraṇī）の訳語で、仏の教えの精要がおさめられた章句を意味し、真言に同じ。また一種の記憶能力をも意味し、それによって多くの善を保つ力をいう場合もある。

**梵行**……梵とは、ここでは清浄を意味し、清浄行の意である。

**普等三昧**……諸仏を同時に平等に観ずることのできる三昧。本経序文「五徳瑞現」のところに、「去来現の仏、仏と仏と相念じたまふ。今の仏も諸仏を念じたまふこと無きことを得んや」とあるのは、釈尊がこの普等三昧に入っていることを意味している。

**【解　説】**

第十二願の弥陀の光明の体徳が摂取不捨で、その別徳が「触光柔軟の益」である。この光明の利益が誓われているのが第三十三の「触光柔軟の願」である。その他の諸願は、ほとんどが「我が名字を聞きて」とあるように、第十七願に誓われてある名号を聞いて得るところの諸の功徳を誓ったものといえよう。第三十八・三十九・四十願と、浄土での衆生の利益をいうのも混じってはいるが、他はすべて聞名の功徳として語られているから、そのつもりで受け取ればよいと思う。時に「諸仏世界の衆生の類」とあり「諸仏世界の諸菩薩衆」ともあり、また「他方国土の諸菩薩衆」ともあって、聞名の当事者に多少の相違がみられるけれども、これは格別なる違いではない。

また、光明の益、名号の益といえば異なったように思われよう。しかし、これは表現の違いだけであって、中身については同じことを語っているに他ならない。よって、このところは、光明・名号の功徳、利益が説かれている、とまとめて理解すると把握しやすいであろう。

宗祖聖人は、「行文類」（註釈版一八九頁）に、

徳号の慈父ましまさずは能生の因闕けなん。光明の悲母ましまさずは所生の縁乖きなん。

とおっしゃって、徳号の慈父を因とし、光明の悲母を縁としている。しかしながら、これは「しばらく因と縁に配当した」だけであって、名号と光明とが別物を指すのでないことは、註釈版一八八頁の脚註にいうとおりである。このように理解できるのであれば、光明と名号の功徳を一括して語ることは何の問題もないところである。

そしてこのブロックの本願の中、一番注目すべきものは、第三十五願の「女人往生の願」である。この願の中に「女身を厭悪せんに」という表現があるので、女性解放運動家などから批判されたよう

なこともあったが、問題はそこではない。註釈版「補註」14（一五六八～九頁）にいうごとく、それまで特に差別されてきた存在の女性であるから、そうした女性でも、阿弥陀仏の救いからは決して漏れることはないと、わざわざ断り強調しているのが、この願の本質である。第十八願に、救いの対象が「一切衆生」といわれているように、女性ももちろんこの中に入っている。が、女性はこの中に入っていないのではないかと疑い、そういうことをとなえる人間がいるかも知れない。これをおもんぱかってこの第三十五願があるのである。

いずれにしても、この願は真実第十八願の言い換えの願とされる。すなわち、弥陀の大悲の深いことを知らせているものである。宗祖は、『浄土和讃』「大経讃」（註釈版六七頁）に、

弥陀の大悲ふかければ　仏智の不思議をあらはして
変成男子の願をたて　女人成仏ちかひたり

と詠われているが、その順番・配列を考えてみよ。前には第十八願が詠われ、続いては、第十九願第二十願と、方便の願がその順序どおりに示されているではないか。右に説明したように、第三十五願が第十八願の言い替え・読み替えであることは明白である。

非常に簡単であったが、これで四十八願文についての解説は終わりにしたい。真宗教義においては、「真実五願」あるいは「真実六願」として、それらを特に重要なものとして受け取り、第十九願、第

二十願の二つの願を、方便の願として位置づけるということ、これは今更解説する程のこともない。結局、第十七願と第十八願が、その中核としてあって、私たちの往生の因としての行と信とを誓ったものとするのである。往生後の成仏を誓ったものが第十一願で、あとの諸願はこれら諸願を開いたものとして扱う。こういうことを押さえて理解すれば、四十八願全体の理解にそれほど悩むことはあるまいと思われる。

であるから、細かな語句の解釈等に関しては、註釈版等の脚註などを参考にすることを願って、願文全体の内容理解に関しては、各自のご研鑽にまかせておきたい。

## 【八】法蔵発願　重誓偈

仏告二阿難一、爾時法蔵比丘説二此願一已而説レ頌曰、

我建二超世願一　必至二無上道一　斯願不二満足一　誓不レ成二正覚一
我於二無量劫一　不下為二大施主一　普済中諸貧苦上　誓不レ成二正覚一
我至レ成二仏道一　名声超二十方一　究竟靡レ所レ聞　誓不レ成二正覚一
離欲深正念　浄慧修二梵行一　志二求無上道一　為二諸天人師一

神力演二大光一　普照二無際土一　消二除三垢冥一　広済二衆厄難一
開二彼智慧眼一　滅二此昏盲闇一　閉二塞諸悪道一　通二達善趣門一
功祚成満足　威曜朗二十方一　日月戢二重暉一　天光隠不レ現
為レ衆開二法蔵一　広施二功徳宝一　常於二大衆中一　説レ法師子吼
供二養一切仏一　具二足衆徳本一　願慧悉成満　得レ為二三界雄一
如二仏無礙智一　通達靡レ不レ照　願我功慧力　等二此最勝尊一
斯願若剋果　大千応二感動一　虚空諸天人　当レ雨二珍妙華一

仏、阿難に告げたまはく、「その時法蔵比丘この願を説きをはりて、頌を説きて曰はく、

〈我超世の願を建つ、かならず無上道に至らん。この願満足せずは誓ひて正覚を成ぜじ。

我無量劫において大施主と為りて、あまねく諸の貧苦を済はずは誓ひて正覚を成ぜじ。

我仏道を成ずるに至りて名声十方に超えん。究竟して聞ゆるところなくは誓ひて正覚を成ぜじ。

離欲と深正念と浄慧とをもつて梵行を修し、無上道を志求して諸の天人の師と為らん。神力をもつて大光を演《の》べてあまねく無際の土を照らし、三垢《さんく》の冥《みよう》を消除して広く衆の厄難を済は

ん。かの智慧の眼を開きてこの昏盲《こんもう》の闇を滅し、諸の悪道を閉塞して善趣の門を通達せん。功祚《こうそ》成満足して威曜十方に朗《ほが》らかならん。日月重暉を戢《おさ》めて天の光も隠れて現ぜざらん。衆のために法蔵を開きて広く功徳の宝を施さん。つねに大衆の中において法を説きて師子吼せん。一切の仏を供養したてまつりて衆の徳本を具足し、願と慧とことごとく成満して三界の雄と為ることを得ん。

仏の無礙智のごとく通達して照らさざるはなからん。願はくは我が功慧の力この最勝尊に等しからん。

この願もし剋果せば大千まさに感動すべし。虚空の諸の天人まさに珍妙の華を雨らすべし〉」と。

【語 句】

**三垢の冥**……三垢とは三毒の煩悩の異名。すなわち三毒の煩悩の暗闇ということ。

**昏盲の闇**……昏盲とは智慧のない闇のことで、無明の黒闇を意味している。

**功祚**……永劫の修行によって成就した仏果のこと。

**【解　説】**

ここは科段に「重誓偈」とあるように、法蔵菩薩が四十八願を立て終わって、さらに重ねて誓いを立てているところである。四十八の本願をまとめて、偈頌（詩句）の形で四十八願の内容を誓い直している。十二部経の一つに、重頌（geyya）という形式のものがあるが、一度述べた内容を偈頌の形でくり返す方式のものである。ちょうどこの形で編集されているところが、この部分である。

四十八願全体を、「誓不成正覚」（誓ひて正覚を成ぜじ）という句を三回くり返すことで、総まとめをして、その上で、天人の師となる、衆の厄難を済う、善趣の門を通達する等々のかたちで諸願を示している。また、総じて、師たる世自在王仏の無礙智に等しき智慧を得たいとも述べられている。自分が獲得すべき功徳・智慧が、最勝の仏陀・世自在王仏に並んで、あらゆるものを平等に照らし救う仏にならんとするためである。

この偈文は、また「三誓偈」とも呼ばれている。先のごとく「誓不成正覚」の句が三度出るからであるが、この偈最後の二行を新たな法蔵の誓いを語っているとして、四誓偈という説もあるようである。しかし、これは真宗教義では採用されない説である。

正信偈に「重誓名声聞十方」とあるのは周知であろう。「無量劫において大施主と為りて、あまねく諸の貧苦を済わん」とすること、また、「仏道を成ずるに至りて名声十方に超えん」というのは、結局は、第十八願、第十七願のこころを言うものと考えられる。あらゆる存在をどんな例外もなく間違いなく救うというのは、これこそが「超世の願」の内容であって、「無上殊勝願」「希有大弘誓」に他ならない。これまた言うまでもないことながら、仏の功徳を名号に成就して、この弥陀の名号が十方世界に残らず聞こえ渡らせて、すべての衆生を救いたい、このことを、ここに重ねて表明しているのである。

そして、この重誓偈の最後に、ここに誓った本願の超世無上の証明として、仏にその証誠を請い、瑞祥を願って偈を終え、法蔵の言葉も閉じられている。

この段もまた、詳しい語句説明などは省いてしまったが、訓読文を丁寧に読むならば、それほど理解に苦しむところはないであろう。改行部分に注意して内容を見渡していただければ、筆者の解釈が右の説明に従っていることも了解できるはずである。

## 【九】法蔵修行

仏告㆓阿難㆒、法蔵比丘説㆓此頌㆒已、応㆑時普地六種震動。天雨㆓妙華㆒以散㆓其上㆒。自然音楽空中讃言、
決定必成㆓無上正覚㆒。於㆑是法蔵比丘具㆓足修㆔満如㆑是大願㆒。誠諦不㆑虚。超㆓出世間㆒深楽㆓寂滅㆒。

阿難時彼比丘於㆓其仏所諸天魔梵龍神八部大衆之中㆒発㆓斯弘誓㆒、建㆓此願㆒已、一向専㆑志荘㆓厳妙土㆒。所修仏国恢廓広大超勝独妙。建立常然無㆑衰無㆑変。於㆓不可思議兆載永劫㆒積㆓植菩薩無量徳行㆒、不㆑生㆓欲覚瞋覚害覚㆒不㆑起㆓欲想瞋想害想㆒不㆑著㆓色声香味触法㆒。忍力成就不㆑計㆓衆苦㆒、少欲知足無㆓染恚癡㆒。三昧常寂智慧無礙。無㆑有㆓虚偽諂曲之心㆒。和顔愛語先㆑意承問。勇猛精進志願無㆑倦。専求㆓清白之法㆒以恵㆓利群生㆒。恭㆓敬三宝㆒奉㆓事師長㆒。以㆓大荘厳㆒具㆓足衆行㆒令㆓諸衆生功徳成就㆒。住㆓空無相無願之法㆒無㆑作無㆑起観㆓法如㆑化。遠㆓離麁言自害害㆑彼彼此倶害㆒修㆓習善語自利利㆑人人我兼利㆒。棄㆑国捐㆑王絶㆓去財色㆒、自行㆓六波羅蜜㆒教㆑人令㆑行。無央数劫積㆑功累㆑徳随㆓其生処㆒在㆓意所欲㆒。無量宝蔵自然発応教㆓化安㆔立無数衆生㆒住㆓於無上正真之道㆒。或為㆓長者居士豪姓尊貴㆒或為㆓刹利国君転輪聖帝㆒或為㆓六欲天主乃至梵王㆒、常以㆓四事㆒供㆓養恭㆔敬一切諸仏㆒。如㆑是功徳不㆑可㆓称説㆒。口気香潔如㆓優鉢羅華㆒。身諸毛孔出㆓栴檀香㆒其香普熏㆓無量世界㆒。容色端正相好殊妙。其手常出㆓無尽之宝衣服飲食珍妙華香繒蓋幢旛荘厳之具㆒。如㆑是等事超㆓諸天人㆒於㆓一切法㆒而得㆓自在㆒。

**仏、阿難に告げたまはく、「法蔵比丘この頌を説きをはるに、時に応じてあまねく地六種に震動す。天妙華を雨《あめふ》らしてもつてその上に散ず。自然の音楽空中に讃じて言はく、〈決定してかならず無上正覚を成ずべし〉と。ここにおいて法蔵比丘是くのごとき大願を具足し修満して、誠《じょう》**

諦《たい》にして虚しからず。世間に超出して深く寂滅を楽《ねが》ふ。

阿難、時にかの比丘その仏の所《みもと》、諸天・魔・梵・龍神八部大衆の中においてこの弘誓を発し、この願を建てをはりて一向に志を専らにして妙土を荘厳す。所修の仏国恢廓《かいかく》広大にして超勝独妙なり。建立常然にして衰無く変無し。不可思議兆載永劫において菩薩の無量の徳行を積植《しやくじき》して、欲覚・瞋覚・害覚を生ぜず、欲想・瞋想・害想を起さず、色・声・香・味・触・法に著せず。忍力成就して衆苦を計らず、少欲知足にして染・恚・痴無し。三昧常寂にして智慧無礙なり。虚《こ》偽《ぎ》・諂曲《てんごく》の心有ること無し。和顔愛語して意に先んじて承問す。勇猛精進にして志願倦《う》むこと無し。もっぱら清白の法を求めてもつて群生を恵利す。三宝を恭敬し師長に奉事す。大荘厳をもつて衆の行を具足し諸の衆生をして功徳成就せしむ。空・無相・無願の法に住して作なく起なく法は化のごとしと観ず。麁言の自ら害し彼を害し彼此ともに害するを遠離し善語の自ら利し人を利し人我兼ねて利するを修習す。国を棄て王を捐《す》てて財色を絶去し、自ら六波羅蜜を行じ人を教へて行ぜしむ。無央数劫に功を積み徳を累ぬるに、その生処に随ひて意の所欲に在り。無量の宝蔵自然に発応し無数の衆生を教化し安立して無上正真の道に住せしむ。あるいは長者・居士・豪姓・尊貴と為りあるいは刹利国君・転輪聖帝と為りあるいは六欲天主乃至梵王と為りて、つねに四事をもつて一切の諸仏を供養し恭敬したてまつる。是くのごとき功徳称説すべからず。口気《くけ》は

**香潔にして優鉢羅華のごとし。身の諸の毛孔より栴檀香を出し、その香はあまねく無量の世界に熏ず。容色端正にして相好殊妙なり。その手よりつねに無尽の宝・衣服・飲食・珍妙の華香・繒蓋・幢旛の荘厳の具を出す。是くのごときらの事諸の天人に超え、一切の法において自在を得たり」と。**

**【語　句】**

**誠諦**……誠も諦も実（まこと）ということで、真実そのもので、嘘偽りがないことをいう。

**龍神八部**……仏の説法の会座に列し、また法を護持するという八部の異類をいう。天・龍・夜叉等をいう。また八部衆とも称する。

**恢廓広大**……広々としていてはてしがないこと。

**兆載永劫**……永遠に近い長大な年月をいう。兆も載も中国の数字の単位で、兆は十進法でいう第十三番目の桁数で、載は同じく第四十五番目の桁数をいう。ここは「兆×載×劫」の年月を意味していて、私たちの想像を絶するが、これだけの間法蔵は修行し続けたというのである。

**諂曲**……自分の心を曲げて相手にこびへつらうこと。

**空・無相・無願の法**……三三昧とか三解脱門といわれるもので、一切のものは空であると観ずること、空であるから差別の相は無であると観ずること、そして、空で無相なるものは願ずべきものは何もないと観ずることをいう。空観の要諦である。

**無央数劫**……阿僧祇劫の同義語である。阿僧祇（asaṃkhya）とは十の五十九乗倍とか五十一乗倍とかの数である。これまた無限に近い年数をいう。

**四事**……修行僧が必要とする四種の品で、飲食・衣服・臥具・湯薬をいう。

**優鉢羅華**……青蓮華と訳されるのを通常とするが、原語は、utpalaで、それを音写したもの。仏の眼の澄み切ったことや、口気の香潔なことのたとえに使われる。睡蓮の一種である。

**【解　説】**

前段の重誓偈末において、本願を表明しおわった法蔵菩薩は、この誓いの真実の証明を諸仏あるいは諸天に求めていた。先には何の応答もなかったが、讃仏偈中にも、「幸はくは仏信明したまへ、是わが真証なり」という、証明を請う言があったはずである。今、これに対して、その願いに対する応答があった。天が奇瑞を示したのである。地の六種震動、天からの雨妙華、そして自然の音楽等である。しかし何よりも喜ぶべきことは、天からの声が聞こえたことであろう。「決定してかならず無上正覚を成ずべし」とは、声の主体は経には示されていないが、これはまさに授記の言葉に他ならないから、世自在王仏そのものによるものと受け取ってよかろうと思う。

こうして誓願の真実であることの証明を得て、法蔵菩薩は修行を開始し、真実のこころを持ちいかなる不実なこころをも起さずして、勇猛精進を重ねていったという。修行の具体的な有り様は、しかしながら、それほど丁寧には語られていない。六波羅蜜行を行じ無数の衆生を教化し、また一切の諸仏を供養したことが述べられているにしても、註釈版にして一頁強の分量に過ぎない。けれども、「不可思議兆載永劫」とあり、「無央数劫に功を積み徳を累」ねていったとある、ふたつの修行期間の長大をいう語、これこそが意味深長であるといわねばならない。ともに語句の項に解説しておいたのは、まったくもって想像を絶する長さを語るもので、その年月の間、法蔵菩薩が修行を重ねていったこと、その困難さを言わんとするためである。そして、修行の困難さをいうのは、これは、法蔵の修行がこれほどの長期間を要したというよりも、それほどの期間をかけなければ、一切衆生が救われるべき超世の願が完成し得なかった、それだけ罪悪深重の凡夫を救いとるのは難事であったことを示している、と理解せねばなるまい。

いずれにしても、こうして法蔵の本願は完成に至ったということである。大きな科段「如来浄土の因果」とか「弥陀成仏の因果」とかいわれるところの前半の、「浄土の因」あるいは「成仏の因」がこれでおわる。次からは、註釈版の科段に「弥陀果徳」とあるように、法蔵菩薩の修行が成就して、弥陀如来となりたまうた、その弥陀の功徳についての説示に入るのである。

結局、ここにいう因とは、本願と修行とであり、中心はもちろんのこと四十八の本願であり、宗祖の立場によれば、真実五願（六願）につきるわけであるが、そういう経の宗致たる本願が、ここに成就せられたということである。

## 【十】弥陀果徳　十劫成道

阿難白レ仏、法蔵菩薩為三已成仏而取二滅度一為レ未二成仏一為二今現在一。仏告二阿難一、法蔵菩薩今已成仏現在二西方一。去レ此十万億刹。其仏世界名曰二安楽一。阿難又問、其仏成道已来為レ逕二幾時一。仏言、成仏已来凡歴二十劫一。其仏国土自然七宝金銀瑠璃珊瑚琥珀硨磲碼碯合成為レ地。恢廓曠蕩不レ可二限極一。悉相雑廁転相入間。光赫焜耀微妙奇麗。清浄荘厳超二踰十方一切世界一。衆宝中精。其宝猶二如第六天宝一。又其国土無二須弥山及金剛鉄囲一切諸山一。亦無二大海小海谿渠井谷一。仏神力故欲レ見則現。亦無二地獄餓鬼畜生諸難之趣一。亦無二四時春秋冬夏一。不レ寒不レ熱常和調適。爾時阿難白レ仏言、世尊若彼国土無二須弥山一其四天王及忉利天依レ何而住。仏語二阿難一、第三焔天乃至二色究竟天一皆依レ何住。阿難白レ仏、行業果報不可思議。仏語二阿難一、行業果報不可思議諸仏世界亦不可思議。其諸衆生功徳善力住二行業之地一。故能爾耳。阿難白ㇾ仏、我不ㇾ疑二此法一。但為二将来衆生一欲ㇾ除二其疑惑一故問二斯義一。

阿難、仏に白さく、「法蔵菩薩すでに成仏して滅度を取りたまへりとや為ん、いまだ成仏したまはずとや為ん、今現に在《まし》ますとや為ん」と。仏、阿難に告げたまはく、「法蔵菩薩今すでに成仏して現に西方に在す。ここを去ること十万億刹なり。その仏の世界を名づけて安楽と曰ふ」と。阿難また問ひたてまつる、「その仏成道してより已来《このかた》いくばくの時を逕たまへりとや為ん」と。仏言はく、「成仏してより已来おほよそ十劫を歴たまへり。その仏国土は自然の七宝、金・銀・瑠璃・珊瑚・琥珀・硨磲・碼碯合成して地と為す。恢廓曠蕩《かいかくこうとう》にして限極すべからず。ことごとくあひ雑廁《ざつし》しうたたあひ入間せり。光赫焜耀《こうかくこんよう》にして微妙奇麗なり。清浄に荘厳して十方一切の世界に超踰せり。衆宝の中の精なり。その宝なほ第六天の宝のごとし。またその国土には須弥山および金剛鉄囲も一切の諸山も無し。また大海・小海・谿渠《けいご》・井谷無し。仏神力のゆゑに見んと欲せばすなはち現ず。また地獄・餓鬼・畜生の諸難の趣無し。また四時の春・秋・冬・夏無し。寒からず熱からず常和調適なり」と。その時に阿難、仏に白して言さく、「世尊、もしかの国土に須弥山無くはその四天王および忉利天何に依りてか住する」と。仏、阿難に語りたまはく、「第三の焔天よりすなはち色究竟天に至るまで皆何に依りてか住する」と。阿難、仏に白さく、「行業の果報不可思議なればなり」と。仏、阿難に語りたまはく、「行業の果報不可思議なれば諸仏の世界もまた不可思議なり。その諸の衆生功徳善力をもつて行業の地に住す。ゆゑによく爾るのみ」と。阿難、仏に白さく、「我この法を疑はず。ただ将来の衆生のためにその疑惑を除かんと欲して故《こと》さらにこの義を問ひたてまつる」と。

【語　句】

**恢廓曠蕩**……どこまでも広々としていて、限りがなく大きいこと。浄土の広大さをいう。先に出た「恢廓広大」に同じい。

**雑厠**……入りまじること。次の「入間」もほぼ同じ意味である。

**光赫焜耀**……光明の光り輝くこと。

**第三の焔天**……欲界の諸天を、下の境涯から、①四天王天、②忉利天、③夜摩天、・・・と数えてゆくが、この第三番目の夜摩天を、また閻魔天とも称し、梵語 yama の音写である。それをまた「焔」の一字で写している。

【解　説】

阿難の問いに答えて釈尊が語っている。法蔵菩薩が成仏された。その仏国土は「安楽」というと。西方十万億の仏土を過ぎたところにあり、『観経』や『小経』のいう「極楽」世界であり、『大阿弥陀経』や『平等覚経』等は「須摩提」(sukhāvatī) という音写語で示している。

そしてまた釈尊は、成仏せられたのは今から十劫の昔であるが、その仏陀は、今現に衆生教化の活動真っ最中の現在仏であることを述べられている。私たちの救い主たる仏が過去仏や未来仏であるわけはないが、今現に西方に在す、ということを有難く受け取らなければなるまい。

その後の教説に、安楽世界が七宝等の宝玉でできていること、広大で限りがないこと、平坦で何の障害物もないこと等が語られているが、これは一々丁寧に解説する必要はなかろうと思う。ただ、阿難の常識的な質問と、将来の衆生の疑問を除かんがためといういいわけが面白い。現在の私たちもつまらない先入見から、真実の教えをそのまま受け取ることができない。それを見越しての仏のお手回し、阿難をして敢えて問わせたと考えると、とても興味深いといわねばならない。

## 【十二】弥陀果徳　光明無量　十二光

仏告二阿難一、無量寿仏威神光明最尊第一諸仏光明所レ不レ能レ及。或有二仏光一照二百仏世界或千仏世界一。

取レ要言レ之、乃照二東方恒沙仏刹一、南西北方四維上下亦復如レ是。或有二仏光一照二于七尺一或照二一由旬二三四五由旬一。如レ是転倍乃至レ照二於一仏刹土一。是故無量寿仏号二無量光仏無辺光仏無礙光仏無対光仏焰王光仏清浄光仏歓喜光仏智慧光仏不断光仏難思光仏無称光仏超日月光仏一。其有二衆生一遇二斯光一者三垢消滅身意柔軟。歓喜踊躍善心生焉。若在二三塗勤苦之処一見二此光明一、皆得二休息一無二復苦悩一。寿終之後皆蒙二解脱一。無量寿仏光明顕赫照二耀十方諸仏国土一莫レ不レ聞焉。不三但我今称二其光明一。一切諸仏声聞縁覚諸菩薩衆咸共歎誉亦復如レ是。若有二衆生一聞二其光明威神功徳一日夜称説至レ心不レ断随二意所願一得レ生二其国一為四諸菩薩声聞大衆所三共歎誉称二其功徳一。至下其然後得二仏道一時上普為三十方諸仏菩薩歎二其光明一亦如レ今也。仏言、我説二無量寿仏光明威神巍巍殊妙一、昼夜一劫尚未レ能レ尽。

仏、阿難に告げたまはく、「無量寿仏の威神光明は最尊第一にして諸仏の光明の及ぶことあたはざるところなり。あるいは仏光有りて百仏の世界あるいは千仏の世界を照らす。要を取りてこれを言はば、すなはち東方恒沙の仏刹を照らし、南西北方・四維・上下もまた是くのごとし。あるいは仏光有りて七尺を照らし、あるいは一由旬《ゆじゅん》、二・三・四・五由旬を照らす。是くのごとくうたた倍してすなはち一仏刹土を照らすに至る。このゆゑに無量寿仏を無量光仏・無辺光仏・無礙光仏・無対光仏・焰王光仏・清浄光仏・歓喜光仏・智慧光仏・不断光仏・難思光仏・無称光仏・超日月光仏と号す。其衆生有りてこの光に遇《もうあ》ふ者は三垢消滅し身意柔軟なり。歓喜踊躍して善心生ず。もし三塗の勤苦の処に在りてこの光明を見れば、皆休息を得てまた苦悩無し。寿終りての後に皆解脱を蒙《こうぶ》る。無量寿仏の光明は顕赫《けんかく》にして十方諸仏の国土を照耀するに聞えざるはなし。ただ我のみ今その光明を称するにあらず。一切の諸仏・声聞・縁覚・諸の菩薩衆ことごとくともに歎誉することまた是くのごとし。もし衆生有りてその光明の威神功徳を聞きて、日夜に称説して心を至して断ぜざれば、意の所願に随ひてその国に生ずることを得て、諸の菩薩・声聞大衆のともに歎誉してその功徳を称するところと為らん。其然して後仏道を得る時に至りて、あまねく十方の諸仏・菩薩のその光明を歎ずるところと為ることもまた今のごとくならん」と。仏言はく、「我無量寿仏の光明の威神の巍々殊妙なるを説くに、昼夜一劫すともなほいまだ尽すことあたはず」と。

【語　句】

**由旬**……インドの距離の単位。各種の説明がなされているが、距離ははっきりしない。約十数キロメートル程度と思われる。梵語 yojana の音写。

**三塗**……三悪趣すなわち地獄・餓鬼・畜生をいう。

**仏道**……この時の道は、いわゆる「果道」を意味していて、仏道とは仏陀としてのさとりのこと。

**【解　説】**

ついに仏の名が明かされた。無量寿仏という。が、ここで阿弥陀仏の仏名について云々する必要はなかろう。ここは科段に「光明無量」とあるように、阿弥陀仏の無量なる光明の功徳が説かれている。「無量寿仏の光明は顕赫にして十方諸仏の国土を照耀するに聞えざるはなし」という表現を味わえば、その威神力は知られるであろう。まさに諸仏中の最第一の光明の功徳であり、諸仏が讃嘆してやまないものである。

また、経文に「聞えざるはなし」と記されているように、光明は名号の功徳となってはたらくことが示されているようである。もちろん、光明の功徳がたたえられ、その讃嘆の声が聞かれる、という意味にもなろうが、それよりも、名号のはたらき（光明・智慧の功徳）が私たちのところに届いて、浄土往生を遂げさせる力となって作動する、このことを意味しているのであろう。『浄土和讃』「讃弥陀偈讃」（註釈版五五八頁）に、

光明てらしてたえざれば　　不断光仏となづけたり
聞光力のゆゑなれば　　　　心不断にて往生す

とあるが、このところの「聞光力」の脚註に「弥陀の御ちかひを信じまゐらするなり」と左訓されているとあるのをみれば、この引用経文の後に「もし衆生有りてその光明の威神功徳を聞きて、日夜に称説して心を至して断ぜざれば、意の所願に随ひてその国に生ずる」とあるのは、まさしく第十八願のこころを語っているものといえる。

この短い一段は、第十二光明無量の願の成就文である。「威神光明最尊第一諸仏光明所不能及」の句がそれを証明しているが、その光明の果徳を、ここは十二光にて顕されているのである。今、この十二光の意味あいを、深励師の前掲書に従って（五三〇～二頁）、略説しておくとしよう。

憬興疏による六科という。無量光・無辺光・無礙光の三光は、光明無量の体徳を現していて、限りがなく、照らす対象を隔てないで、何物にもさまたげられない光明をいう。無対光と焰王光とは、他に対して勝れていることを示すもので、菩薩のものとは比較にならない、諸仏のそれに勝っていることを意味するという。清浄光・歓喜光・智慧光の三光は、化他滅惑の徳を示すもので、貪・瞋・癡の三毒の煩悩を滅するはたらきをいう。不断光は常恒不断の徳を示すという。難思光と無称光の二光は、難思議の徳を現し、心に思われず口に言われずのあり方をいう。最後の超日月光は、「最尊第一諸仏光明所不能及」の言い替えで、内外ともに照らし身心ともに照らすことを、凡夫によせて「超日月光」と示したものだそうである。と、このように説明されている。この解釈が絶対のものではなかろうが、とても理解しやすい説明であろう。

## 【十二】弥陀果徳　寿命無量

仏語二阿難一、無量寿仏寿命長久不レ可二称計一。汝寧知乎。仮使十方世界無量衆生皆得二人身一、悉令三成二就声聞縁覚一、都共集会禅思一心竭二其智力一、於二百千万劫一悉共推算計二其寿命長遠之数一、不レ能三窮尽知二其限極一。声聞菩薩天人之衆寿命長短亦復如レ是。非三算数譬喩所二能知一也。又声聞菩薩其数難レ量不レ可二称説一。神智洞達威力自在。能於二掌中一持二一切世界一。

仏、阿難に語りたまはく、「無量寿仏は寿命長久にして称計すべからず。汝寧《いずく》んぞ知らんや。たとひ十方世界の無量の衆生皆人身を得て、ことごとく声聞・縁覚を成就せしめて、すべてともに集会し禅思一心にその智力を竭《つく》し、百千万劫においてことごとくともに推算してその寿命の長遠の数を計へんに、窮尽《ぐじん》してその限極を知ることあたはず。声聞・菩薩・天・人の衆の寿命の長短もまた是くのごとし。算数・譬喩のよく知るところにあらざるなり。また声聞・菩薩のその数も量りがたく称説すべからず。神智洞達して威力自在なり。よく掌《たなごころ》の中において一切世界を持せり」と。

【語　句】

**禅思一心に**……思いを静めて、心を一つにしてということ。

【解　説】

光明無量の次に、第十三寿命無量の願の成就を示すところである。どれほどの衆生が、どんなに長く時間をかけて計算したとしても、無量寿仏の寿命は計り知れない、まさに無量寿ということである。ただこの項には、その他に、声聞や菩薩の寿命も阿弥陀仏と同様に無量寿であることと、声聞や菩薩の数が限りないことも説かれている。すなわち、第十五の眷属長寿の願の成就と、声聞と菩薩となっていて単純に同じではなく、第十五の成就と順番も逆転してはいるが、第十四の声聞無量の願の成就とみられる文とである。いわば、浄土の眷属の無量、無数とが示されている。

浄土における菩薩や声聞などの眷属という存在は、経文当面では、このように述べられているが、真宗教義においては、これまでに言及してきたように、声聞はそう呼ばれてはいるけれども菩薩と何ら変わらないし、菩薩という存在は「従果向因」の菩薩であるから、以上のように記されてはいるが、こうしたものは、結局、無量寿仏の寿命無量（あるいは光明無量）の徳に集約されてしまうということである。

## 【十三】弥陀果徳　聖衆無量

仏語二阿難一、彼仏初会声聞衆数不レ可二称計一。菩薩亦然。如二今大目揵連一百千万億無量無数、於二阿僧祇那由他劫一乃至二滅度一悉共計挍、不レ能三究二了多少之数一。譬如下大海深広無量、仮使有レ人析二其一毛一以為二百分一以二一分毛一沾中取一渧上。於レ意云何。其所レ渧者於二彼大海一何所為レ多。阿難白レ仏、彼所レ渧水比二於大海一多少之量非三巧暦算数言辞譬類所二能知一也。仏語二阿難一、如二目連等一、於二百千万億那由他劫一計二彼初会声聞菩薩一、所レ知数者猶二如一渧一、其所レ不レ知如二大海水一。

**仏、阿難に語りたまはく、「かの仏の初会の声聞衆の数称計すべからず。菩薩もまた然なり。今の大目揵連のごとき、百千万億無量無数にして、阿僧祇那由他《なゆた》劫においてすなはち滅度に至るまでことごとくともに計挍《けきょう》すとも、多少の数を究了することあたはず。譬へば大海の深広無量なるに、たとひ人有りて、その一毛を析《くだ》きてもつて百分と為し一分の毛をもつて一渧を沾取《てんしゅ》するが**

ごとし。意において云何ん。その渧《したた》るところのものは、かの大海における と何れをか多しと為す」と。阿難、仏に白さく、「かの渧るところの水を大海に比するに、多少の量、巧暦の算数・言辞・譬類のよく知るところにあらざるなり」と。仏、阿難に語りたまはく、「目連等のごときもの、百千万億那由他劫においてかの初会の声聞・菩薩を計へて、知るところの数はなほ一渧のごとくしてその知らざるところは大海の水のごとし。

【語　句】

那由他……数の単位で、十の十一乗倍という説がある。

【解　説】

ここは前段の続きというべき部分で、阿弥陀仏説法の初会の声聞・菩薩の数を数えるだけ、それだけであっても不可能であることが語られている。「多少の数を究了することあたはず」というのが結論であるが、それをまた譬えで示している。一筋の髪の毛を百分した極めて小さい毛で掬いとった海水の一滴と、残った大海水の量とを比較して、その初会の声聞等の数を知ったのは、掬いとった海水一滴に他ならず、知られない声聞や菩薩の数こそが、大海水の量に匹敵する。こういう譬えである。

あくまで、ここは初会に限っての眷属無数の話である。もって、浄土の眷属無量のあり様を知るべきであるというのであろう。これを受けて、私たち衆生が無数・無量に往生せしめられる功徳を思うところである。

## 【十四】弥陀果徳　宝樹荘厳

又其国土七宝諸樹周二満世界一。金樹銀樹瑠璃樹玻瓈樹珊瑚樹碼碯樹硨磲樹。或有二二宝三宝乃至七宝転共合成一。或有二金樹銀葉華果一。或有二銀樹金葉華果一。或瑠璃樹玻瓈為レ葉華果亦然。或水精樹瑠璃為レ葉華果亦然。或珊瑚樹碼碯為レ葉華果亦然。或碼碯樹瑠璃為レ葉華果亦然。或硨磲樹衆宝為レ葉華果亦然。或有二宝樹一、紫金為レ本白銀為レ茎瑠璃為レ枝水精為レ條珊瑚為レ葉碼碯為レ華硨磲為レ実。或有二宝樹一、白銀為レ本瑠璃為レ茎水精為レ枝珊瑚為レ條碼碯為レ葉硨磲為レ華紫金為レ実。或有二宝樹一、瑠璃為レ本水精為レ茎珊瑚為レ枝碼碯為レ條硨磲為レ葉紫金為レ華白銀為レ実。或有二宝樹一、水精為レ本珊瑚為レ茎碼碯為レ枝硨磲為レ條紫金為レ葉白銀為レ華瑠璃為レ実。或有二宝樹一、珊瑚為レ本碼碯為レ茎硨磲為レ枝紫金為レ條白銀為レ葉瑠璃為レ華水精為レ実。或有二宝樹一、碼碯為レ本硨磲為レ茎紫金為レ枝白銀為レ條瑠璃為レ葉水精為レ華珊瑚為レ実。或有二宝樹一、硨磲為レ本紫金為レ茎白銀為レ枝瑠璃為レ條水精為レ葉珊瑚為レ華碼碯為レ実。此諸

宝樹行行相値茎茎相望枝枝相準葉葉相向華華相順実実相当。栄色光耀不レ可二勝視一。清風時発出二五音声。微妙宮商自然相和。

またその国土は七宝の諸の樹世界に周満せり。金樹・銀樹・瑠璃樹・玻瓈樹・珊瑚樹・碼碯樹・硨磲樹なり。あるいは二宝・三宝、乃至七宝のうたたともに合成せる有り。あるいは金樹に銀の葉・華・果なる有り。あるいは銀樹に金の葉・華・果なる有り。あるいは瑠璃樹あり、玻瓈葉と為り華・果もまた然なり。あるいは水精樹あり、瑠璃葉と為り華・果もまた然なり。あるいは珊瑚樹あり、碼碯葉と為り華・果もまた然なり。あるいは碼碯樹あり、瑠璃葉と為り華・果もまた然なり。あるいは硨磲樹あり、衆宝葉と為り華・果もまた然なり。あるいは宝樹有り、紫金本《もと》と為り白銀茎《くき》と為り瑠璃枝と為り水精條《こえだ》と為り珊瑚葉と為り碼碯華と為り硨磲実と為る。あるいは宝樹有り、白銀本と為り瑠璃茎と為り水精枝と為り珊瑚條と為り碼碯葉と為り硨磲華と為り紫金実と為る。あるいは宝樹有り、瑠璃本と為り水精茎と為り珊瑚枝と為り碼碯條と為り硨磲葉と為り紫金華と為り白銀実と為る。あるいは宝樹有り、水精本と為り珊瑚茎と為り碼碯枝と為り硨磲條と為り紫金葉と為り白銀華と為り瑠璃実と為る。あるいは宝樹有り、珊瑚本と為り碼碯茎と為り硨磲枝と為り紫金條と為り白銀葉と為り瑠璃華と為り水精実と為る。あるいは宝樹有り、碼碯本と為り硨磲茎と為り紫金枝と為り白銀條と為り瑠璃葉と為り水精華と為り珊瑚実と為る。あるいは宝樹有り、硨磲本と為り紫金茎と為り白銀枝と為り瑠璃條と為り水精葉と為り珊瑚華と為り碼碯実と為る。この諸の宝樹、行々《ごうごう》あひ値ひ茎々《きようきよう》あひ望み枝々あひ準ひ葉々あひ向かひ華々あひ順ひ実々あひ当れり。栄色の光耀勝げて視るべからず。清風時に発りて五つの音声を出す。微妙にして宮商《きゆうしよう》自然にあひ和す。

**【解　説】**

科段名に「宝樹荘厳」とあるように、浄土の樹木が七宝でできていることが述べられている。それらが一つの宝玉でできていたり、二宝・三宝の合成でできていたり、樹木の各部分が各種の宝石でできていたりする。また、こうした樹木が、バラバラではなく一定の秩序をもって配列されていて、まことに綺麗に光り輝き、清らかな微風が吹くと、その風に吹かれて宮《きゆう》・商・角・徴《ち》・羽《う》という五音の調和のとれた音楽を奏でるというのである。

言葉の解説は、ここも不要であろう。浄土の美しい情景を思えばそれで済む。

# 【十五】弥陀果徳　道樹楽音荘厳

又無量寿仏其道場樹高四百万里。其本周囲五十由旬。枝葉四布二十万里。一切衆宝自然合成、以二月光摩尼持海輪宝衆宝之王一而荘二厳之一周二市條間一垂二宝瓔珞一。百千万色種種異変、無量光焔照耀無レ極。珍妙宝網羅二覆其上一。一切荘厳随レ応而現。微風徐動吹二諸枝葉一、演二出無量妙法音声一。其声流布偏二諸仏国一。其聞レ音者得二深法忍一住二不退転一、至レ成二仏道一耳根清徹不レ遭二苦患一。目覩二其色一耳聞二其音一鼻知二其香一舌嘗二其味一身触二其光一心以レ法縁、一切皆得二甚深法忍一住二不退転一、至レ成二仏道一六根清徹無二諸悩患一。阿難、若彼国人天見二此樹一者得二三法忍一。一者音響忍、二者柔順忍、三者無生法忍。此皆無量寿仏威神力故本願力故満足願故明了願故堅固願故究竟願故。仏告二阿難一、世間帝王有二百千音楽一。自二転輪聖王一乃至二第六天上一伎楽音声展転相勝千億万倍、第六天上万種楽音不レ如二無量寿国諸七宝樹一種音声一千億倍也。亦有二自然万種伎楽一。又其楽声無レ非二法音一。清揚哀亮微妙和雅。十方世界音声之中最為二第一一。

**また無量寿仏のその道場樹は高さ四百万里なり。その本の周囲五十由旬なり。枝葉四《よも》に布ける**

こと二十万里なり。一切の衆宝自然に合成し、月光摩尼・持海輪宝の衆宝の王をもつてこれを荘厳し、條の間に周帀して宝の瓔珞を垂れたり。百千万の色種々に異変し、無量の光焔の照耀すること極まり無し。珍妙の宝網その上に羅覆《らふ》せり。一切の荘厳応に随ひて現ず。微風やうやく動きて諸の枝葉を吹くに、無量の妙法の音声を演出《えんすい》す。その声流布して諸仏の国に徧ず。その音を聞く者は深法忍を得て不退転に住し、仏道を成ずるに至るまで耳根清徹にして苦患に遭はず。目にその色を覩《み》耳にその音を聞き鼻にその香を知り舌にその味はひを嘗《な》め身にその光に触れ心に法をもつて縁ずるに、一切皆甚深の法忍を得て不退転に住し、仏道を成ずるに至るまで六根清徹にして諸の悩患無し。阿難、もしかの国の人・天、この樹を見るものは三法忍を得。一つには音響忍《おんこうにん》、二つには柔順忍《にゆうじゆんにん》、三つには無生法忍なり。これ皆無量寿仏の威神力のゆゑに、本願力のゆゑに、満足願のゆゑに、明了願のゆゑに、堅固願のゆゑに、究竟願のゆゑなり」と。仏、阿難に告げたまはく、「世間の帝王に百千の音楽有り。転輪聖王よりすなはち第六天上に至るまで、伎楽の音声展転してあひ勝れたること千億万倍なるも、第六天上の万種の楽音の、無量寿国の諸の七宝樹の一種の音声にしかざること千億倍なり。また自然の万種の伎楽有り。またその楽の声法音にあらざるは無し。清揚哀亮《しようようあいりよう》にして微妙和雅なり。十方世界の音声の中にもつとも第一と為す。

【語　句】

**月光摩尼**……月光のように勝れた輝きを持つ摩尼宝のこと。摩尼（maṇi）とは、如意宝と訳されて、意のままに財宝や衣服・飲食等を出す力をもった宝玉をいう。

**持海輪宝**……極楽を飾る摩尼宝の異名。海のような広大な徳を持つ摩尼宝ということ。

**音響忍**……文中にあるごとく、三法忍のひとつで、諸仏・菩薩の説法を聞いて、驚き恐れることなく認め信じて受け入れること。

**柔順忍**……これも三法忍のひとつで、すなおに真理に随順して背かないこと。

**清揚哀亮**……音楽が清らかに澄んでいて、憐れに冴えわたる様子をいう。

【解　説】

道場樹、すなわち弥陀成道の場所にある樹木の大きさとその荘厳の様子と功徳、あるいはその道場樹の枝葉の奏でる音楽の力・功徳等が示されている。

この音楽は、諸仏の国々にあまねく響きわたり、「聞く者は深法忍を得て不退転に住し、仏道を成ずるに至るまで耳根清徹にして苦患に遭はず」という。また、浄土の人天でこの道場樹を見るものは、三法忍を得ることができるともある。ということで、道場樹の限りない功徳が語られ、それが阿弥陀仏の威神力・本願力等に基づいていることが述べられている。またここにいう音楽の素晴らしさが、諸天の音楽に比較して千億万倍も勝れているという例話が出されている。

このところ宗祖聖人は、『浄土和讃』「讃弥陀偈讃」（註釈版五六三頁）に、

神力本願及満足　　明了堅固究竟願
慈悲方便不思議なり　　真無量を帰命せよ
宝林・宝樹微妙音　　自然清和の伎楽にて
哀婉雅亮すぐれたり　　清浄楽を帰命せよ

と詠まれている。『讃阿弥陀仏偈』によったものではあるが、不可思議な威神力を持った本願力を讃嘆する和讃になっているといえよう。また、私たちを救う不可思議なる本願を讃える、この「本願力故満足願故明了願故堅固願故究竟願故」の経文は、宗祖は、憬興の『無量寿経連義述文賛』の釈文として、「行文類」（註釈版一七六頁）に引用されている。右の和讃とともに味わって、本願名号の威神力を思うべきである。

しかしながら、この『正依大経』の一節は、「乃至」の語で省略しつつ、「化身土文類」（註釈版三七六・七頁）にも引用されている。それゆえ、この道場樹の大きさなどは、宗祖は方便化身土の有様と理解されているのである。『観経』の浄土と同様に、ここと次項の宮殿・楼観等の荘厳は、方便化

身土の相であることを忘れてはならないであろう。

## 【十六】弥陀果徳　講堂宝池荘厳

又講堂精舎宮殿楼観皆七宝荘厳自然化成。復以二真珠明月摩尼衆宝一以為二交露一覆二蓋其上一。内外左右有二諸浴池一。或十由旬或二十三十乃至百千由旬、縦広深浅各皆一等。八功徳水湛然盈満、清浄香潔味如二甘露一。黄金池者底白銀沙。白銀池者底黄金沙。水精池者底瑠璃沙。瑠璃池者底水精沙。珊瑚池者底琥珀沙。琥珀池者底珊瑚沙。硨磲池者底碼碯沙。碼碯池者底硨磲沙。白玉池者底紫金沙。紫金池者底白玉沙。或二宝三宝乃至七宝転共合成。其池岸上有二栴檀樹一。華葉垂布香気普熏。天優鉢羅華鉢曇摩華拘物頭華分陀利華雑色光茂弥二覆水上一。彼諸菩薩及声聞衆若入二宝池一意欲レ令二水没一レ足水即没レ足。欲レ令レ至レ膝即至二于膝一。欲レ令レ至レ腰水即至レ腰。欲レ令レ至レ頸水即至レ頸。欲レ令レ灌レ身自然灌レ身。欲レ令二還復一水輒還復。調二和冷煖一自然随レ意開レ神悦レ体蕩二除心垢一。清明澄潔浄若レ無レ形。宝沙映徹無二深不一レ照。微瀾回流転相灌注。安詳徐逝不レ遅不レ疾。波揚無量。自然妙声随二其所応一莫二不レ聞者一。或聞二仏声一或聞二法声一或聞二僧声一。或寂静声空無我声大慈悲声波羅蜜声或十力無畏不共法声諸通慧声無所作声不起滅声無生忍声乃至甘露灌頂衆妙法声、如レ是等声称二其所一レ聞歓喜無量。随二順清浄離欲寂滅真実之義一、随二順三宝力無所畏不共之法一、随二順通慧菩薩声聞所行之道一。無レ有二三塗苦難之名一、但有二自然快楽之音一。是故其国名曰二安楽一。

また講堂・精舎・宮殿・楼観は皆七宝をもつて荘厳して自然に化成す。また真珠・明月摩尼の衆宝をもつて、もつて交露《きょうろ》と為してその上に覆蓋《ふがい》せり。内外左右に諸の浴池有り。あるいは十由旬あるいは二十・三十乃至百千由旬にして、縦広・深浅、各おの皆一等なり。八功徳水湛然《たんねん》として盈満し、清浄香潔にして味はひ甘露のごとし。黄金の池には底に白銀の沙《いさご》あり。白銀の池には底に黄金の沙あり。水精の池には底に瑠璃の沙あり。瑠璃の池には底に水精の沙あり。珊瑚の池には底に琥珀の沙あり。琥珀の池には底に珊瑚の沙あり。硨磲の池には底に碼碯の沙あり。碼碯の池には底に硨磲の沙あり。白玉の池には底に紫金の沙あり。紫金の池には底に白玉の沙あり。あるいは二宝・三宝、乃至七宝うたたともに合成せり。その池の岸の上に栴檀樹有り。華葉垂れ布きて香気あまねく熏ず。天の優鉢羅華《うはらけ》・鉢曇摩華《はどんまけ》・拘物頭華《くもずけ》・分陀利華、雑色光茂にして水の上に弥覆《みふ》せり。かの諸菩薩および声聞衆、もし宝池に入りて意《こころ》に水をして足を没せしめんと欲すれば水すなはち足を没す。膝に至らしめんと欲すればすなはち膝に至る。腰に至らしめんと欲すれば水すなはち腰に至る。頸《くび》に至らしめんと欲すれば水すなはち頸に至る。身に灌がしめんと欲すれば自然に身に灌ぐ。還復せしめんと欲すれば水すなはち還復す。冷煖を調和するに自然に意に随ひ、神を開き体を悦ばしめて心垢を蕩除す。清明澄潔にして浄きこと形無きがごとし。宝沙映徹して深きをも照らさざること無し。微瀾回流してうたたあひ灌注す。安詳としてやうやく逝きて遅からず疾からず。波揚がりて無量なり。自然の妙声その所応に随ひて聞えざる者なし。あるいは仏の声を聞きあるいは法の声を聞きあるいは僧の声を聞く。あるいは寂静の声、空・無我の声、大慈悲の声、波羅蜜の声、あるいは十力・無畏・不共法の声、諸の通慧の声、無所作の声、不起滅の声、無生忍の声、乃至甘露灌頂の衆の妙法の声、是くのごときらの声その聞くところに称ひて歓喜すること無量なり。清浄・離欲・寂滅・真実の義に随順し、三宝・力・無所畏・不共の法に随順し、通慧と菩薩・声聞の所行の道に随順す。三塗苦難の名有ること無く、ただ自然快楽の音のみ有り。このゆゑにその国を名づけて安楽と曰ふ。

【語　句】

**交露**……玉がつらなって、露の光が交わって輝くようにキラキラと輝く、宝玉の幔幕のこと。

**鉢曇摩華**……紅蓮華と訳されるパドマ（padma）の音写語で、いわゆるハスの仲間の一種。

**拘物頭華**……梵語 kumuda の音写で、こちらは睡蓮の仲間。前に語注した優鉢羅華（ここにも出ている）同様のもの。ただ、これは黄蓮華と訳されるのが通常である。

**甘露灌頂**……第十地の菩薩をさす。菩薩が第十地に入るとき、転輪聖王の即位の時にならって、諸仏がその頂に甘露水を注ぐからこういう。

**【解　説】**

浄土の講堂・精舎・宮殿や楼閣の荘厳を極めた有様や、宝石でできた諸の浴池の様子がはじめに説かれている。そして特に、浴池に満たされた水の功徳が丁寧に述べられている。しかし、これも宗祖が先の「化身土文類」に引き続いて引用されているから、化身土の相に他ならず、「自然に意に随ひ、神を開き体を悦ばしめて心垢を蕩除す」る功徳の水が湛えられていることを知れば十分であろう。

問題は、この水が波となって無量の音を発するが、それが仏声から甘露灌頂の声までの十三種の声となって聞かれるということである。一々の言葉の意味は、註釈版や現代語版『浄土三部経』（六一頁）等で確認して欲しいと思う。が、いずれにしても、あらゆる仏法を説き真実を語る説法の声となって響きわたるというのである。例の深励師は、その後に続く表現をも全体として理解して、教理行果の四法を教える経文としている（前掲書五六二～四頁）。

そして浄土の菩薩衆は、この声を「その聞くところに称ひて歓喜すること無量なり」とまとめて、こういう「自然快楽の音のみ有」る浄土であり、三塗など存在しない浄土であるとも断って、「このゆゑにその国を名づけて安楽と曰ふ」と、浄土を安楽と名づける説明をしている。『小経』の「但受諸楽故名極楽」の句と合わせて記憶に留めるべきものであろう。

## 【十七】弥陀果徳　眷属荘厳

阿難、彼仏国土諸往生者具二足如レ是清浄色身諸妙音声神通功徳一。所レ処宮殿衣服飲食衆妙華香荘厳之具猶二第六天自然之物一。若欲レ食時七宝鉢器自然在レ前。金銀瑠璃硨磲碼碯珊瑚琥珀明月真珠如レ是諸鉢随レ意而至、百味飲食自然盈満。雖レ有二此食一実無二食者一。但見レ色聞レ香意以レ為レ食、自然飽足身心柔軟無レ所二味著一。事已化去時至復現。彼仏国土清浄安穏微妙快楽。次二於無為泥洹之道一。其諸声聞菩薩天人智慧高明神通洞達。咸同一類形無二異状一。但因二順余方一故有二天人之名一。顔貌端正超レ世希有。容色微妙非レ天非レ人。皆受二自然虚無之身無極之体一。

**阿難、かの仏国土に諸の往生する者は、是くのごとき清浄の色身、諸の妙音声、神通功徳を具足す。処するところの宮殿・衣服・飲食、衆の妙華香・荘厳の具はなほ第六天の自然の物のごと**

し。もし食せんと欲する時は七宝の鉢器自然に前に在り。金・銀・瑠璃・硨磲・碼碯・珊瑚・琥珀・明月真珠の是くのごとき諸の鉢、意に随ひて至り、百味の飲食自然に盈満す。この食有りといへども実に食する者無し。ただ色を見香を聞《か》ぐに意に食を為すと以《おも》へば、自然に飽足し身心柔軟にして味著するところ無し。事をはれば化して去り、時至ればまた現ず。かの仏国土は清浄安穏にして微妙快楽なり。無為泥洹の道に次《ちか》し。その諸の声聞・菩薩・天・人は智慧高明にして神通洞達せり。ことごとく同一類にして形に異状無し。ただ余方に因順するがゆゑに天・人の名有り。顔貌端正にして世に超へて希有なり。容色微妙にして天にあらず人にあらず。皆自然虚無《こむ》の身無極の体を受けたり」と。

【解　説】

ここからしばらくは浄土の眷属の荘厳が語られている。阿弥陀仏の国土に往生して行った者の獲得する功徳についてである。清浄なる身体、諸の神通力、生活に必要なる住居や衣服や食事等々、そして、諸仏を供養するための華香や荘厳具などが過不足なく得られる。さらに、「智慧高明にして神通洞達せり」とあるように、特別な精神的境地も得られるということである。

けれども、宗祖の心持ちからすれば、少し異なって理解することができる。すなわち「証文類」に

「かの仏国土は清浄安穏」から本項の最後まで引用されていて（註釈版三〇八頁）、第十一願成就として、滅度の有り様を語っているものとして理解されている。となれば、「無為泥洹の道に次し」という表現や「皆自然虚無の身無極の体を受けたり」という記述も、厳密に注意して理解しなければなるまい。

註釈版がこの「自然虚無の身無極の体」に註記して（三七頁）、

自然・虚無・無極は涅槃の異名。浄土における身体は、涅槃のさとりにかない、一切の限定を超えた絶対の自由をもつものであるという意。

と述べているのは、この事実を踏まえた解釈といえよう。例の深励師は、「無為泥洹の道に次し」を解釈して（前掲書五七〇頁）、

此近は（この次《ちか》しということは、筆者注）国如泥洹の如と同じことで、今浄土が直に無為涅槃に非ず。無為涅槃は無始無終本来常住なものなり。安楽浄土は有始無終で、四十八願に酬ひ顕はれたる土ゆゑ宝樹宝池等の事相の楽が一一弥陀の無上涅槃の証りから顕はるるゆゑ無為涅槃に同じ。涅槃に常楽我浄の四徳あり。その大楽ぢやと顕す経文なり。

と語っている。法性真如そのものではなく、そこから等流した涅槃・浄土の具体相という説明であろう。興味深い言及である。

## 【十八】弥陀果徳　眷属荘厳

仏告二阿難一、譬如三世間貧窮乞人在二帝王辺一。形貌容状寧可レ類乎。阿難白レ仏、仮令此人在二帝王辺一羸陋醜悪無二以為レ喩百千万億不可計倍。所二以然一者、貧窮乞人底極廝下衣不レ蔽レ形食趣支レ命。飢寒困苦人理殆尽。皆坐二前世不レ植二徳本一。積レ財不レ施富有益慳但欲二唐得一貪求無レ厭、不二肯修レ善犯レ悪山積。如レ是寿終財宝消散、苦レ身聚積為レ之憂悩於レ己無レ益徒為二他有一。無二善可レ怙無二徳可レ恃。是故死堕二悪趣一受二此長苦一。罪畢得レ出生為二下賤一愚鄙廝極示二同人類一。所二以世間帝王人中独尊一皆由二宿世積レ徳所レ致。慈恵博施仁愛兼済、履レ信修レ善無レ所二違諍一。是以寿終福応得レ昇二善道一、上二生天上一享二茲福楽一。積善余慶、今得レ為レ人適生二王家一自然尊貴。儀容端正衆所二敬事一。妙衣珍膳随レ心服御。宿福所レ追故能致レ此。

仏、阿難に告げたまはく、「譬へば世間の貧窮・乞人の帝王の辺《ほとり》に在るがごとし。形貌・容状、寧んぞ類すべけんや」と。阿難、仏に白さく、「たとひこの人帝王の辺に在らんに、羸《るい》陋醜悪にしてもつて喩へと為すこと無きこと百千万億不可計倍なり。然るゆゑは、貧窮・乞人は底極廝下《たいごくしげ》にして衣《ころも》形を蔽さず、食趣かに命を支ふ。飢寒困苦して人理ほとんど尽きなんとす。皆前世に徳本を植ゑざるに坐りてなり。財を積みて施さず、富有にしてますます慳しみ、ただいたづらに得んと欲し貪求して厭ふこと無く、あへて善を修せず悪を犯すこと山のごとくに積もる。是くのごとくして寿終りて財宝消散し、身を苦しめ聚積してこれがために憂悩すれども己において益無く、いたづらに他の有と為る。善として怙むべきもの無く、徳として恃むべきもの無し。このゆゑに死して悪趣に堕しこの長苦を受く。罪畢りて出づることを得て生じて下賤と為り、愚鄙廝極《ぐひしごく》にして人類に示同す。世間の帝王の人中に独尊なるゆゑは、皆宿世に徳を積めるに由りて致すところなり。慈恵をもつて博く施し仁愛をもつて兼ね済ひ、信を履み善を修し違諍するところ無し。ここをもつて寿終れば福応じて善道に昇ることを得、天上に上生してこの福楽を享く。積善の余慶に、今人となることを得てたまたま王家に生じ自然に尊貴なり。儀容端正にして衆の敬事するところなり。妙衣・珍膳心に随ひて服御す。宿福の追ふところなるがゆゑによくこれを致す」と。

【語　句】

**羸陋**……小さく痩せ劣っていること。

**底極廝下**……最低の生活をしていることをいう。

**愚鄙廝極**……右の底極廝下に同じく、最低の暮らしをしていること。

**【解　説】**

ここと次節の議論は、浄土の眷属の麗しい身体・あり方を言うために、貧窮・乞人の姿、帝王や転輪聖王・第六天王のそれと比較して述べている。結局、こういった俗世の衆生の身体・あり方と比べては、とても数字で言うことができないほど勝れていると言いたいのであるが、そのために、劣った姿や帝王の由来というか、ゆえんを語っている。この、得られた身体や出自などに関して、「前世に徳本を植ゑざるに坐りてなり」といい、また「宿世に徳を積めるに由りて致すところなり」というような捉え方は、現代の私たちには決して認めることはできない。たとえ経典の記述であるにしても、これは厳しく批判されるべきことであろう。

本願寺派の聖典編纂の基本的態度として、このことは一貫して注意を喚起してきたところであり、この部分の記述に対しては、註釈版聖典の「補註5」の参照が求められている。よって、この解説もそれに譲って、ことさらの言及を控えたい。それに、前項に語った宗祖聖人の見方をもってすれば、浄土の眷属の在り方を、こういうように俗世のそれに比較して語ることは、格別の意味を持ち得ないと思われる。

# 【十九】弥陀果徳　眷属荘厳

仏告二阿難一、汝言是也。仮如二帝王一雖二人中尊貴形色端正一比二之転輪聖王一甚為二鄙陋一。猶三彼乞人在二帝王辺一也。転輪聖王威相殊妙天下第一比二之忉利天王一又復醜悪不レ得二相喩一万億倍也。仮令天帝比二第六天王一百千億倍不二相類一也。設第六天王比二無量寿仏国菩薩声聞一光顔容色不二相及逮一百千万億不可計倍。

仏、阿難に告げたまはく、「汝が言《ことば》是なり。たとひ帝王のごとき人中の尊貴にして形色端正なりといへども、これを転輪聖王に比するにはなはだ鄙陋《ひる》と為す。なほかの乞人の帝王の辺に在るがごとし。転輪聖王は威相殊妙にして天下第一なれども、これを忉利天王に比するにまた醜悪にしてあひ喩ふることを得ざること万億倍なり。たとひ天帝なれども第六天王に比するに百千億倍にしてあひ類せざるなり。たとひ第六天王なれども無量寿仏国の菩薩・声聞に比するに光顔・容色あひおよばざること百千万億不可計倍なり」と。

【語　句】

**鄙陋**……見劣りがして比べものにならないこと。

**忉利天王**……忉利天（trāyastriṃśa）とは、すなわち三十三天のことで、須弥山の頂上がその本拠である。そして、そのリーダーが帝釈天で、ここにいう忉利天王に他ならない。

【解　説】

前節の解説につきる。いまさらつけ加えるものは何もない。

## 【二十】弥陀果徳　眷属荘厳

仏告二阿難一、無量寿国其諸天人衣服飲食華香瓔珞繒蓋幢旛微妙音声所居舎宅宮殿楼閣称二其形色一高下大小。或一宝二宝乃至無量衆宝随二意所欲一応レ念即至。又以二衆宝妙衣一徧布二其地一、一切天人践レ之而行。無量宝網弥二覆仏土一、皆以二金縷真珠百千雑宝奇妙珍異一荘厳校飾。周二帀四面一垂以二宝鈴一。光色晃耀尽二極厳麗一。自然徳風徐起微動其風調和不レ寒不レ暑。温涼柔軟不レ遅不レ疾。吹二諸羅網及衆宝樹一、演二発無量微妙法音一、流二布万種温雅徳香一。其有二聞者一塵労垢習自然不レ起、風触二其身一皆得二快楽一、譬如三比丘得㆓滅尽三昧㆒。

仏、阿難に告げたまはく、「無量寿国のその諸の天人の衣服・飲食・華香・瓔珞・繒蓋・幢播、微妙の音声、所居の舎宅・宮殿・楼閣はその形色に称《かな》ひて高下大小あり。あるいは一宝・二宝乃至無量の衆宝、意の所欲に随ひて念に応じてすなはち至る。また衆宝の妙衣をもつてあまねくその地に布き、一切の天人これを践みて行く。無量の宝網仏土に弥覆し、皆金縷・真珠の百千雑宝の奇妙珍異なるをもつて荘厳校飾せり。四面に周帀して垂るるに宝鈴をもつてす。光色晃耀にしてことごとく厳麗《ごんらい》を極む。自然の徳風やうやく起りて微動するに、その風調和して寒からず暑からず。温涼柔軟にして遅からず疾《と》からず。諸の羅網および衆の宝樹を吹くに、無量微妙の法音を演発し、万種温雅の徳香を流布す。其聞《か》ぐ者有れば、塵労垢習自然に起らず、風その身に触るるに皆快楽を得ること、譬へば比丘の滅尽三昧を得るがごとし。

【語　句】

塵労垢習……塵労は煩悩のことで、垢習とはその習気《じっけ》、すなわち残り香のこと。

滅尽三昧……滅尽定に同じ。心と心のはたらきを完全に滅し尽くした精神統一の境地で、無心の楽しみを享受でき、天上界の最上部である非想非非想処に生まれることができるという。

**【解　説】**

眷属荘厳の最後の項目である。身体に身につけるものでも、供養のための必要品でも、あるいは住居に関するものでも、必要なものが何でも具わっている。また地面には、衆宝の妙衣が敷かれているし、頭上は無量の宝網で覆われていて、美麗この上なく、風が吹いてくれば、法音となって響き、また徳香となって流布する。それを受けて、浄土の衆生は「塵労垢習自然に起らず」して、「滅尽三昧を得るがごと」き快楽を得ることができるというのである。

一々の享受すべき功徳は、結局は、諸もろの安楽・快楽ということであるが、それぞれの表現の細かなことにこだわる必要はなかろう。浄土の荘厳といえば『浄土論』の十七種荘厳を思い出せばよいであろうし、仏荘厳八種も、それを、救われてゆくものの立場で受け取れば、浄土の眷属の荘厳になり得る。そうした各種の仏果に結果する功徳がこれまでに述べられてきている、こう把握すればよいのであろうと思う。

# 【二十一】弥陀果徳　華光出仏

又風吹散レ華偏二満仏土一。随二色次第一而不二雑乱一柔軟光沢馨香芬烈。足履二其上一陥下四寸、随二挙レ足已一還復如レ故。華用已訖地輒開裂以レ次化没。清浄無レ遺。随二其時節一風吹散レ華如レ是六返。又衆宝蓮華周二満世界一一一宝華百千億葉。其華光明無量種色。青色青光白色白光。玄黄朱紫光色亦然。暐曄煥爛明二曜日月一。一一華中出二三十六百千億光一、一一光中出二三十六百千億仏一。身色紫金相好殊特。一一諸仏又放二百千光明一普為二十方一説二微妙法一、如レ是諸仏各各安二立無量衆生於仏正道一。

仏説無量寿経　巻上

また風吹きて華を散じ仏土に偏満す。色の次第に随ひて雑乱せず、柔軟光沢にして馨香《きようこう》芬烈なり。足その上を履むに陥《くぼ》み下ること四寸、足を挙げをはるに随ひて還復すること故《もと》のごとし。華、用ゐをはれば、地すなはち開裂し次いでをもつて化没す。清浄にして遺り無し。その時節に随ひて風吹きて華を散ずること是くのごとく六返す。また衆宝の蓮華世界に周満し、一々の宝華に百千億の葉《はなびら》あり。その華の光明に無量種の色あり。青色に青光白色に白光あり。玄・黄・朱・

紫の光色もまた然なり。暐曄煥爛《いようかんらん》として日月よりも明曜なり。一々の華の中より三十六百千億の光を出し、一々の光の中より三十六百千億の仏を出す。身色紫金にして相好殊特なり。一々の諸仏また百千の光明を放ちてあまねく十方のために微妙の法を説きたまひ、是くのごとき諸仏各おの無量の衆生を仏の正道に安立せしめたまふ」と。

仏説無量寿経　巻上

【語　句】

**暐曄煥爛**……浄土の蓮華の光りが明るく鮮やかに輝くさまをいう。

**三十六百千億**……百千億の花びらに、それぞれに青・白・玄（くろ）・黄・朱・紫の六光があるから、六六三十六の百千億の光りになる。

【解　説】

弥陀果徳の最後は「華光出仏」である。「一々の華の中より三十六百千億の光を出し、一々の光の中より三十六百千億の仏を出す」とあるごとく、この諸仏は阿弥陀仏の分身のような存在である。この諸仏が、「百千の光明を放ち」、「十方のために微妙の法を説き」、そして「諸仏各おの無量の衆生を仏の正道に安立せしめたまふ」活動をするのである。異訳の『如来会』に「是諸仏等現往東方為衆説法・・・南西北方四維上下亦復如是」とある（聖典全書一・三二一頁）のをみれば、『小経』六方段における諸仏の活動に他なるまい。釈迦如来の活動、この『正依大経』の説法も、この華光より出られた諸仏の活動の一例ということになるであろう。

## 【二十二】衆生往生因　十一・十七・十八願成就

仏説無量寿経　巻下

曹魏天竺三蔵康僧鎧訳

仏告二阿難一、其有二衆生一生二彼国一者皆悉住二於正定之聚一。所以者何。彼仏国中無二諸邪聚及不定聚一。十方恒沙諸仏如来皆共讃二歎無量寿仏威神功徳不可思議一。諸有衆生聞二其名号一信心歓喜乃至二一念一至レ心回向願レ生二彼国一、即得二往生一住二不退転一。唯除二五逆誹謗正法一。

**仏説無量寿経　巻下**

**曹魏天竺の三蔵康僧鎧の訳**

仏、阿難に告げたまはく、「其衆生有りてかの国に生ずる者は皆ことごとく正定の聚に住す。ゆゑは何《いか》ん。かの仏国の中には諸の邪聚および不定聚無ければなり。十方恒沙の諸仏如来は皆ともに無量寿仏の威神功徳の不可思議なるを讃歎したまふ。あらゆる衆生その名号を聞きて、信心歓喜してすなはち一念に至るまで心を至し回向してかの国に生ぜんと願ずれば、すなはち往生を得不退転に住す。ただ五逆と誹謗《ひほう》正法とを除く」と。

【解　説】

これより『正依大経』は下巻に入り、科段が大きく変わって「衆生往生の因」となる。そのうち、本項では第十一願、第十七願、そして第十八願三願の成就が簡潔な表現にて示されている。

「其衆生有りてかの国に生ずる者は皆ことごとく正定の聚に住す。ゆゑは何ん。かの仏国の中には諸の邪聚および不定聚無ければなり」というのが第十一願の成就文である。ここの訓読では、いわゆる「彼土正定聚」、すなわち浄土に往生して正定聚になるということを意味していて、第十一願の前半の願事の成就をいうものである。しかしながら、ここを宗祖は、「それ衆生あつて、かの国に生れんとするものは、みなことごとく正定の聚に住す。ゆゑはいかんとなれば、かの仏国のうちには・・・」と読んで、「現生正定聚」を言うものとして理解されている（『一念多念証文』、註釈版六八〇頁)。現生正定聚説は真宗教義の根幹であって、これを動かすことができないことは、先の第十一願文の解説でも少しく触れたところである。

『一念多念証文』では、「かくのごとく法蔵菩薩誓ひたまへるを、釈迦如来、五濁のわれらがために説きたまへる文のこころは」と述べて、その上で右のように読み替えている。五濁悪世を意識し、罪悪深重の凡夫である私たちの救済を第一義と考えた宗祖聖人の深い本願観によるものであろうし、直接的には、『如来会』に「彼国衆生若当生者皆悉究竟無上菩提到涅槃処」とある(聖典全書一・三二一頁)中の、「当生者」の句に、特に注目したためであると思われる。「証文類」にも当然ながら、この文も引用されている(註釈版三〇八頁)。

第十七願成就文というのは、「十方恒沙の諸仏如来は皆ともに無量寿仏の威神功徳の不可思議なるを讃歎したまふ」という一文である。これまた非常に簡略な表現であるが、諸仏の阿弥陀仏に対する讃嘆は、宗祖が『浄土和讃』「弥陀経讃」(註釈版五七一頁)に、

恒沙塵数の如来は　万行の少善きらひつつ
名号不思議の信心を　ひとしくひとへにすすめしむ
十方恒沙の諸仏は　極難信ののりをとき
五濁悪世のためにとて　証誠護念せしめたり

　諸仏の護念証誠は　　悲願成就のゆゑなれば
　金剛心をえんひとは　　弥陀の大恩報ずべし
と詠われているように、悲願成就の結果であり、第十七願に誓われた名号を私たちに届けようとしてのことである。この和讃にあるように、宗祖は、諸仏の証誠護念（護念証誠）は「極難信ののりをとき」示すためであり、「名号不思議の信心をひとしくひとへにすすめしむ」ためのものであると考えられている。こうして、私たち衆生の往因たる信心が名号のはたらきによって与えられるのである。それが成就したということである。

　その他力の信心が与えられて私たちの往生浄土と成仏が決定するのが、言うまでもなく第十八願によるのであるが、その成就文がその次の経文である。右の訓読は、取りあえず聖典全書本のものを出しているが、もちろんのこと、宗祖の訓読は「あらゆる衆生、その名号を聞きて、信心歓喜せんこと、乃至一念せん。至心に回向せしめたまへり。・・・」というもので（註釈版二一二頁）、如来回向、他力回向の義をはっきりと示すために読み替えられている。諸仏の讃嘆によって第十七願成就の名号、その名号のいわれを聞いて、すなわち「信文類」（末）（註釈版二五一頁）に、

　『経』（大経・下）に「聞」といふは、衆生、仏願の生起本末を聞きて疑心あることなし、これを聞といふなり。「信心」といふは、すなはち本願力回向の信心なり。

と釈されているように聞くのが「聞其名号」ということで、その結果、右の引文にもあるように、信心を獲得《ぎゃくとく》するのである。であるから、この信心は自力で作り上げたものにあらず、「本願力回向の信心」といわねばならない。

今この他力の宗旨を詳しく解説する余裕はないのであるが、「至心に回向せしめたまへり」の一文によって、私たちの往生の行業も正因も、すなわち行も信も、必要なものは何でも他力（本願力）からの回し向けによって与えられる、ということを明示されたのである。

このように本項は、第十一願・十七願・十八願の三願の成就文がセットで出て、「衆生往生の因」が語られている。私たちが往生・成仏できるのは、阿弥陀仏のこの三願に基づく本願力と自在神力とによるものであると言うわけである。

ところで、ここの「往生を得不退転に住す（即得往生住不退転）」という句の意味であるが、即得往生は命終わって浄土に生ずることを意味しているのではない。『一念多念証文』（註釈版六八〇頁）に、

「すなはち往生す」とのたまへるは、正定聚の位に定まるを「不退転に住す」とはのたまへるなり。この位に定まりぬれば、かならず無上大涅槃にいたるべき身となるがゆゑに、「等正覚を成る」とも説き、「阿毘跋致にいたる」とも、「阿惟越致にいたる」とも説きたまふ。

と言われているし、また『唯信鈔文意』（註釈版七〇三頁）にも、

「即得往生」は、信心をうればすなはち往生すといふ、すなはち往生すといふは不退転に住するをいふ、不退転に住すといふはすなはち正定聚の位に定まるとのたまふ御のりなり、これを「即得往生」とは申すなり。

とあって、正定聚・不退転の位につき定まるということである。

正定聚については本項はじめに断ったように、現生正定聚説を取るということで、信心を得て、第十一願成就で述べたように、この身このままで、必ず往生すべき身に定まるという利益が得られるということである。

唯除の文については、すでに第十八願の解説において説明しておいた。そちらを参照されたい。

## 【二十三】衆生往生因　三輩往生（上輩）

仏告二阿難一、十方世界諸天人民其有下至レ心願上レ生二彼国一、凡有二三輩一。其上輩者、捨レ家棄レ欲而作二沙門一発二菩提心一一向専念二無量寿仏一修二諸功徳一願レ生二彼国一。此等衆生臨二寿終時一、無量寿仏与二諸大衆一現二其人前一。即随二彼仏一往二生其国一。便於二七宝華中一自然化生住二不退転一。智慧勇猛神通自在。是故阿難、

其有二衆生一欲下於二今世一見中無量寿仏上、応下発二無上菩提之心一修二行功徳一願上生二彼国一。

仏、阿難に告げたまはく、「十方世界の諸天・人民其心を至してかの国に生ぜんと願ずること有るに、おほよそ三輩有り。其上輩といふは、家を捨て欲を棄てて沙門と作り、菩提心を発して一向にもつぱら無量寿仏を念じたてまつりて諸の功徳を修してかの国に生ぜんと願ず。これらの衆生寿終る時に臨みて、無量寿仏は諸の大衆とともにその人の前に現じたまふ。すなはちかの仏に随ひてその国に往生す。すなはち七宝の華の中より自然に化生して不退転に住す。智慧勇猛にして神通自在なり。このゆゑに阿難、其衆生有りて今世において無量寿仏を見たてまつらんと欲せば、無上菩提の心を発し功徳を修行してかの国に生ぜんと願ずべし」と。

【解　説】

以下、第二十五段までの三輩章は、前段で往生の因を示しつつ浄土を願生する心を増上せしめたから、ここで正しく往生の因を説いて修せしむ一段である、という理解もあるが、そうすると、真宗教義に合致しないのは明らかであろう。ここに示されている上輩の行や、次段の中輩の行も、真宗念仏者に求められている行業などではないし、さらには下輩のあり方もまた、念仏者のそれとは相違しているといえよう。
すなわち、この三輩章は、第十九願の諸行往生の願成就の文とするのが真宗の解釈である。宗祖が「化身土文類」のご自釈（註釈版三七六頁）に、

この願（第十九願）成就の文は、すなはち三輩の文これなり、『観経』の定散九品の文これなり。

と明確に述べられているし、『三経往生文類』に、「至心発願の願（第十九願）成就の文、『大経』（下）にのたまはく」として、「乃至」の言を入れて多少の省略があるにしても、この三輩章のほぼ全文を引用されている（註釈版六三二～三頁）ことからも明らかである。

「捨家棄欲而作沙門発菩提心一向専念無量寿仏修諸功徳」として示される往生の行は、したがって、第十九願文にいう「発菩提心修諸功徳至心発願欲生我国」の行に他ならないし、右の経文に臨終時の来迎が語られているのも、この解釈を裏付けるものであろう。「臨終来迎」を認めるのは化土往生に限るのが真宗教義の正当説である。

ということで、「衆生往生の因」と科段されているが、ここには、方便化土への往生の因が語られ、方便化身に導かれての化土往生が示されているということである。また、往生人の前に姿を現す無量寿仏とは、あくまで方便化身であって、真報身ではない。

## 【二十四】衆生往生因　三輩往生（中輩）

仏語二阿難一、其中輩者、十方世界諸天人民其有レ至レ心願レ生二彼国一、雖レ不レ能下行作二沙門一大修中功徳上、当下発二無上菩提之心一一向専念中無量寿仏上。多少修レ善奉二持斎戒一起二立塔像一飯二食沙門一懸レ繒然レ灯散レ華焼レ香、以レ此回向願レ生二彼国一。其人臨レ終無量寿仏化二現其身一。光明相好具如二真仏一与二諸大衆一現二其人前一。即随二化仏一往二生其国一住二不退転一。功徳智慧次如二上輩者一也。

仏、阿難に語りたまはく、「其中輩といふは、十方世界の諸天・人民其心を至してかの国に生ぜんと願ずること有りて、行じて沙門と作りて大きに功徳を修することあたはずといへども、まさに無上菩提の心を発して一向にもつぱら無量寿仏を念じたてまつるべし。多少善を修して斎戒を奉持し塔像を起立し沙門に飯食せしめ繒を懸け灯を然《とも》し華を散じ香を焼《た》きて、これをもつて回向してかの国に生ぜんと願ぜん。その人終りに臨みて、無量寿仏はその身を化現したまふ。光明・相好はつぶさに真仏のごとくして、諸の大衆とともにその人の前に現じたまふ。すなはち化仏に随ひてその国に往生して不退転に住す。功徳・智慧は次いで上輩の者のごとし」と。

【語　句】

**斎戒**……八斎戒のことで、在家信者が一日一夜と期限をきって受持する八つの戒めのこと。その一々については辞書等を見られたし。ここでのポイントは、在家戒であるということである。

【解　説】

上輩のように出家して沙門となり特別な行を修めることはできないが、在家信者として、「多少善を修して斎戒を奉持し塔像を起立し沙門に飯食せしめ繒を懸け灯を然し華を散じ香を焼き」て、その功徳を回向して浄土往生を願うもの、すなわち中輩者の往生成就文である。もちろんのこと、上輩同様、方便化土の往生を語るものと理解されるものである。

臨終には、無量寿仏がその身を化現して来迎するとあり、臨終来迎が描かれていることは、やはり第十九願の諸行往生のすがたである。このことを語るときに、「真仏」という語が出て、いかにも上輩の来迎仏が阿弥陀仏そのもののように見えるが、これは方便化身であって真報身でないことは、前項に解説したとおりである。

この中輩は、『観経』九品段に示される散善の機で、在家者としてそれなりの善業を行って浄土往生を願うものに相当しているであろう。これらは、それぞれの行業の差によって、往生の得益にも差がつけられており、来迎する化仏等のあり方にも差が設けられている。したがって、化土往生であることが明確であるといわねばならない。また、「これをもつて回向してかの国に生ぜんと願ぜん」とあるように、自力でもって功徳を回向するというような行は、第二十願文の解説に述べておいたように、真実の報土往生のための行因としては認められないところであろう。

## 【二十五】 衆生往生因　三輩往生（下輩）

仏告㆓阿難㆒、其下輩者、十方世界諸天人民其有㆓至㆑心欲㆑生㆓彼国㆒、仮使不㆑能㆑作㆓諸功徳㆒、当㆘発㆓無上菩提之心㆒一向専㆑意乃至㆓十念㆒念㆓無量寿仏㆒願㆖生㆓其国㆒。若聞㆓深法㆒歓喜信楽不㆑生㆓疑惑㆒、乃至㆓一念㆒念㆓於彼仏㆒以㆓至誠心㆒願㆑生㆓其国㆒。此人臨㆑終夢見㆓彼仏㆒亦得㆓往生㆒。功徳智慧次如㆓中輩者㆒也。

**仏、阿難に告げたまはく、「其下輩といふは、十方世界の諸天・人民其心を至してかの国に生ぜんと欲すること有りて、たとひ諸の功徳を作すことあたはざれども、まさに無上菩提の心を発して一向に意をもつぱらにしてすなはち十念に至るまで無量寿仏を念じたてまつりてその国に生ぜんと願ずべし。もし深法を聞きて歓喜信楽し疑惑を生ぜずして、すなはち一念に至るまでかの**

**仏を念じたてまつりて、至誠心《しじょうしん》をもつてその国に生ぜんと願ぜん。この人終りに臨みて夢のごとくにかの仏を見たてまつりてまた往生を得。功徳・智慧は次いで中輩の者のごとし」と。**

**【語　句】**

**至誠心**……誠の心、真実心ということ。しかしここは自力の念仏行者の心持ちをいうもので、他力回向の深心、信楽を指すものではない。三心の隠顕については、註釈版の巻末註「三心」の項を見よ。

**【解　説】**

下輩の往生を語るところであるが、ここも第十九願の成就を語るものとする宗祖の考えは動かない。よって、

一向に意をもつぱらにしてすなはち十念に至るまで無量寿仏を念じたてまつりてその国に生ぜんと願ずべし。もし深法を聞きて歓喜信楽し疑惑を生ぜずしてすなはち一念に至るまでかの仏を念じたてまつりて、至誠心をもつてその国に生ぜんと願ぜん。

とその行が示され、あたかも第十八願の行因が語られているように見えようとも、そのように解釈し

てはならないであろう。「まさに無上菩提の心を発して一向に意をもつぱらにして」というのが一つ問題で、自力の菩提心で、散善の念仏あるいは万行の中の念仏行で、他力の念仏とは考えられないのである。

そして、「この人終りに臨みて夢のごとくにかの仏を見たてまつりてまた往生を得」というのは、やはり臨終来迎説の一種といわなければならないであろう。臨終来迎を語る往生というのは、宗祖の教義では、方便化土の往生しか意味されないこと、いうまでもないことである。

しかしながら、このところを、宗祖の「この願（第十九願）成就の文は、すなはち三輩の文これなり」という表現を一時棚上げにして、下輩章の文だということを忘れて読んでみると、第十八願の念仏者の姿を説いている文と読めなくもない。もう一つ、語られている文の真意がつかめないのであるが、ここを件の深励師は、「廃権立実の相」といい、「これ観経では隠顕あれども此経では一文二義なり」といい、語注した至誠心ついて、「これ立ち戻りて十八願へ望むれば、至誠心は至心なり」と述べている（前掲書六一二頁）。こうしたことからすると、宗祖聖人の注釈もそう単純ではないのであろうが、筆者としては、今は、これはこうだとはっきり解説できるような、自信を持って述べる見解には至っていない。

## 【二十六】衆生往生因

仏告㆓阿難㆒、無量寿仏威神無㆑極。十方世界無量無辺不可思議諸仏如来莫㆑不㆓称歎㆒。於㆓彼東方恒沙仏国㆒無量無数諸菩薩衆皆悉往㆓詣無量寿仏所㆒、恭敬供養及㆓諸菩薩声聞大衆㆒。聴㆓受経法㆒宣㆓布道化㆒。南西北方四維上下亦復如㆑是。

仏、阿難に告げたまはく、「無量寿仏の威神極まり無し。十方世界の無量無辺不可思議の諸仏如来称歎したまはざることなし。かの東方恒沙仏国より無量無数の諸の菩薩衆皆ことごとく無量寿仏の所に往詣《おうげい》して、恭敬し供養したてまつり、諸の菩薩・声聞の大衆に及ぼさん。経法を聴受し道化を宣布す。南・西・北方、四維、上下もまた是くのごとし」と。

【語　句】

称歎……誉めたたえること。讃嘆に同じ。

経法……阿弥陀仏が教え示す教法をいう。

道化を宣布す……阿弥陀仏の教法を十方衆生に広く説き述べること。

【解　説】

以上の、下巻はじめからの衆生往生の因あるいは往生行に対して、諸仏の讃嘆と、他方国土の無量の菩薩衆による讃嘆供養とが示されているところである。すなわち、第十七願成就の諸仏讃嘆がここでまたくり返されているのであるが、これを『如来会』で見るに、そこでは十七願成就文の最後に「何以故」という句があり（聖典全書本一・三二一頁）、今ここにいたって、「阿難以此義利故無量無数不可思議無有等等無辺世界諸仏如来皆共称讃無量寿仏所有功徳」と記されている（同上書三二三頁）から、ここで、諸仏による阿弥陀仏の讃嘆が総まとめされている、と理解すべきなのであろう。

宗祖は、「行文類」に、第十七願成就文とここの諸仏称嘆の文を続いて引用した後に、『如来会』の右の文も引用されている（註釈版一四二・三頁）。よって、ここの部分を、第十七願成就文の諸仏讃嘆そのものと見なしていることは明らかである。

今ここには、しかし、諸菩薩の浄土への往詣も示されている。これをどのように解釈すべきであろうか。菩薩という聖衆すら浄土へ往生なされる、私たち凡夫ならなおさらに往生したいと願うべきだと、凡夫に往生を勧めるためだという。こういう解釈が一般的である。したがって、凡夫ばかりでなく菩薩という聖者もまた往生できるという（このことは別のところに示されていて、聖者をも救う阿弥陀仏という位置づけは否定できないが、これ）よりは、やはり諸仏の称嘆に合わせて、阿弥陀仏の功徳を讃嘆する記述と理解するのが妥当ではなかろうか。

## 【二十七】衆生往生因　往観偈

爾時世尊而説㆑頌曰

東方諸仏国　其数如㆓恒沙㆒　彼土菩薩衆　往覲㆓無量覚㆒
南西北四維　上下亦復然　彼土菩薩衆　往覲㆓無量覚㆒
一切諸菩薩　各齎㆓天妙華㆒　宝香無価衣　供㆓養無量覚㆒
咸然奏㆓天楽㆒　暢㆓発和雅音㆒　歌㆓歎最勝尊㆒　供㆓養無量覚㆒
究㆓達神通慧㆒　遊㆓入深法門㆒　具㆓足功徳蔵㆒　妙智無㆓等倫㆒
慧日照㆓世間㆒　消㆓除生死雲㆒　恭敬繞三帀　稽㆓首無上尊㆒
見㆔彼厳浄土　微妙難㆓思議㆒　因発㆓無上心㆒　願㆓我国亦然㆒
応㆑時無量尊　動㆑容発㆓欣笑㆒　口出㆓無数光㆒　徧照㆓十方国㆒

回光囲二繞身一　三帀従レ頂入　一切天人衆　踊躍皆歓喜
大士観世音　整レ服稽首問　白レ仏何縁笑　唯然願説レ意
梵声猶二雷震一　八音暢二妙響一　当レ授二菩薩記一　今説仁諦聴
十方来正士　吾悉知二彼願一　志二求厳浄土一　受決当レ作レ仏
覚三了一切法　猶二如夢幻響一　満二足諸妙願一　必成二如レ是刹一
知三法如二電影一　究二竟菩薩道一　具二諸功徳本一　受決当レ作レ仏
通二達諸法性　一切空無我一　専求二浄仏土一　必成二如レ是刹一
諸仏告二菩薩一　令レ観二安養仏一　聞レ法楽受行　疾得二清浄処一
至二彼厳浄国一　便速得二神通一　必於二無量尊一　受レ記成二等覚一
其仏本願力　聞レ名欲二往生一　皆悉到二彼国一　自致二不退転一
菩薩興二至願一　願二己国無レ異　普念レ度二一切一　名顕達二十方一
奉二事億如来一　飛化徧二諸刹一　恭敬歓喜去　還到二安養国一
若人無二善本一　不レ得レ聞二此経一　清浄有レ戒者　乃獲レ聞二正法一
曾更見二世尊一　則能信二此事一　謙敬聞奉行　踊躍大歓喜
憍慢弊懈怠　難三以信二此法一　宿世見二諸仏一　楽聴二如レ是教一

声聞或菩薩　莫三能究二聖心一　譬四如従レ生盲　欲三行開二導人一
如来智慧海　深広無二涯底一　二乗非レ所レ測　唯仏独明了
仮使一切人　具足皆得レ道　浄慧知二本空一　億劫思二仏智一
窮レ力極二講説一　尽レ寿猶不レ知　仏慧無二辺際一　如レ是致二清浄一
寿命甚難レ得　仏世亦難レ値　人有二信慧一難　若聞精進求
聞レ法能不レ忘　見敬得大慶　則我善親友　是故当レ発レ意
設満二世界一火　必過要聞レ法　会当下成二仏道一　広済中生死流上

その時世尊、もつて頌を説きて曰はく、

「東方の諸仏の国、その数恒沙のごとし。かの土の菩薩衆往きて無量覚を観《み》たてまつる。南・西・北、四維、上下もまた然なり。かの土の菩薩衆往きて無量覚を観たてまつる。一切の諸の菩薩各おの天の妙華・宝香・無価《むげ》の衣を齎《も》ちて、無量覚を供養したてまつる。咸然《げんねん》として天の楽を奏し和雅の音を暢発し、最勝の尊を歌歎して、無量覚を供養したてまつる。〈神通と慧とを究達して深法門に遊入し、功徳蔵を具足して妙智等倫無し。慧日世間を照らして生死の雲を消除す〉と。恭敬して繞ること三帀して、無上尊を稽首したてまつる。

かの厳浄の土の微妙にして思議しがたきを見て、因りて無上心を発して、わが国もまた然らんと願ず。

時に応じて無量尊、容を動かし欣笑《ごんしょう》を発したまひ、口より無数の光を出して、あまねく十方国を照らしたまふ。回る光身を囲繞すること三帀して頂より入る。一切の天人衆踊躍して皆歓喜す。

大士観世音服を整へ稽首して問ひて仏に白さく、〈何の縁ありてか笑みたまふ。唯然なり、願はくは意を説きたまへ〉と。

梵声はなほ雷の震ふがごとく、八音は妙なる響きを暢べて、〈まさに菩薩に記を授くべし。今説かん、仁《なんじ》諦らかに聴け。

十方より来れる正士吾ことごとくかの願を知る。厳浄の土を志求し受決してまさに仏と作るべし。一切の法はなほ夢・幻・響のごとしと覚了し、諸の妙なる願を満足して必ず是くのごとき刹を成ぜん。法は電・影のごとしと知り、菩薩の道を究竟し、諸の功徳の本を具して受決してまさに仏と作るべし。

諸法の性は一切空無我なりと通達し、もつぱら浄き仏土を求めて、必ず是くのごとき刹を成ぜん〉と。

諸仏は菩薩に告げて安養の仏を覲しむ、〈法を聞きて楽《ねが》ひて受行して疾く清浄の処を得よ。かの厳浄の国に至らばすなはち速やかに神通を得、必ず無量尊において記を受けて等覚を成ぜん。その仏の本願力をもつて名を聞きて往生せんと欲すれば、皆ことごとくかの国に到りておのづから不退転に致る。菩薩は至願を興して、己が国も異なること無からんと願ず。あまねく一切を度せんと念じ、名、顕れて十方に達せん。億の如来に奉事するに、飛化して諸の刹に徧じ、恭敬し歓喜して去り、還りて安養国に到らん。もし人善本無ければこの経を聞くことを得ず。清浄に戒を有てる者、すなはち正法を聞くことを獲。むかし世尊を見たてまつればすなはちよくこの事を信じ、謙敬にして聞きて奉行し、踊躍して大きに歓喜す。憍慢《きょうまん》と弊《へい》と懈怠《けだい》とはもつてこの法を信ずることかたし。宿世に諸仏を見たてまつれば、楽《この》みて是くのごとき教を聴く。声聞あるいは菩薩もよく聖心を究むることなし。譬へば生れてより盲ひたるものの行きて人を開導せんと欲するがごとし。如来の智慧海は深広にして涯底無し。二乗の測るところにあらず。ただ仏のみ独り明らかに了りたまへり。たとひ一切の人具足して皆道を得、浄慧をもつて本空を知り、億劫に仏智を思ひ、力を窮め講説を極めて寿を尽すとも、なほ知らず。仏《ぶつ》慧《て》は辺際なく是くのごとく清浄に致る、と。

【二十七】衆生往生因　往覲偈

**寿命はなはだ得がたく、仏世もまた値ひがたし。人の信慧有ることかたし。もし聞かば精進して求めよ。法を聞きてよく忘れず見て敬ひ得て大きに慶ばば、すなはち我が善き親友なり。このゆゑにまさに意を発すべし。たとひ世界に満てる火あるも必ず過ぎて要めて法を聞け。かならずまさに仏道を成じて広く生死の流れを済ふべし〉」と。**

**【語　句】**

**咸然として**……皆ともにということ。

**遊入**……深い真理をさとることであるが、仏が真理をさとるのは遊戯する（遊ぶ）がごとく入るので、「遊」の字を用いてこういう。

**梵声**……清浄なることを「梵」で表し、仏の声をこういう。

**八音**……八種の勝れた特性を具えた仏の声。詳しくは辞書等を見よ。

**憍慢と弊と懈怠**……憍慢は煩悩の一つで、おごりたかぶる心、弊は、教法を正しく聞くことができないこと、懈怠は、怠り怠けること。

【解　説】

短い前段の諸仏称嘆の長行《じょうごう》を受けて、偈頌でもってその内容をくり返す部分である。仏典の形式の一種で、それを「重頌」ということは、「重誓偈」のところで述べておいた。

しかし、この長い三十行百二十句の「往観偈」は、内容がそれほど単純ではなく多岐にわたっているので、『正依大経』の下巻最初からこの偈前の文までの、「衆生往生因」を語ってきた長行全部に対する重頌と考える方がよかろうと思う。ということで、以下、往観偈の内容解説を文の順でしておこう。

最初の四行は、諸方の菩薩方が浄土に往詣して無量覚すなわち阿弥陀仏を供養し讃嘆することを述べている。香華供養は外の供養、言葉での讃嘆や身に恭敬することは内の供養というそうである。

次の二行は、菩薩方の口での讃嘆供養に現れた阿弥陀仏の功徳の有り様で、その次の一行は、讃嘆している菩薩自身もそうなりたいという願いが表明されている。

その次の二行は、この菩薩方の讃嘆を受けて、阿弥陀仏が笑み、さらに口から光りを発し、十方国を照らして、また戻ってくることが語られ、皆が歓喜することが記されている。

この有様を受けて、浄土の住人である観音菩薩と阿弥陀仏の問答がなされている。それが次の六行の内容である。なにゆえ仏は笑みたまふのか、という観音の質問に対して、阿弥陀仏は、この十方より来生してきた菩薩たちに授記せんとして微笑んだのであると答え、かれらが諸法の真実のあり方をさとって成仏すべきことを授記するのである。また合わせて、かれらの仏陀としてのさとりの内容が記されている。

今度は諸仏の讃嘆で、その次の五行がそれに当たる。往観偈の中心と言われるところである。無量寿仏の国に至りて授記を得てすみやかに仏果を得べしという。宗祖聖人が、「行文類」に、先ほどの諸仏如来の称嘆を引いた後で、ここの「其仏本願力」以下の四句を引用されている（註釈版一四二頁）ことは周知であろう。この一偈の解釈は、『尊号真像銘文』の最初に第十八願文を釈したのに続いて、二番目に丁寧になされている（註釈版六四五頁）。すなわち、このところにも「〈聞〉といふは如来のちかひの御なを信ずと申すなり」といい、「聞即信」の考えが述べられ、「自致不退転」の自致を説明して、「自然」の語を用いての釈もあって、第十七願の名号のはたらきと第十八願の信心、あるいはそれを得ての現生正定聚の利益が述べられている。

このことからすれば、諸仏の讃嘆は、もちろんのこと第十七・十八願にあることが明瞭である。そして菩薩方に対して、この仏国土に行き阿弥陀仏を供養して至願を起こすこと、これを勧めているのである。

その次には、この阿弥陀仏の法（経）を聞くことの困難さと教えを信じることの難しさが三行で示され、正法を聞き得たことを歓喜し、信じ得たことの所以が示されている。つまりは、弥陀の本願が極難信であることを明かして、とくに信を勧めるために設けられた部分であろう。

次の四行は、極難信の法であることや、仏智は不可思議であることを讃嘆するところである。「如来の智慧海は深広にして涯底無し」とあり、「仏慧は辺際なく」して、声聞や菩薩などの二乗の及ぶところではないと語られている。阿弥陀仏の智慧の深くして限りのないことを示して、ただただ信ずべしと教えている。

ところで、ここにも一つ断っておかねばならない差別的な言辞がある。「譬如従生盲　欲行開導人」という表現である。これが現代の視点で認められないことは、先にも第十八段の解説で述べたとおりである。註釈版の「補註5」の参照を強く願っておきたい。

最後の三行は、勧信をまとめるものであろう。はなはだ得がたい人身を得て、今この法を聞けることとは、まったくもって有難いことであるし、そういう人を、釈尊は、「善親友」すなわち自身のよき友であると褒められている。それゆえ、どれほどの困難があろうともこの法を聞いて仏のさとりを求めなければならない、迷いの世界から出るように努めなければならない、と教えて、これまでの教説がおわるのである。この困難を乗り越えてということを表現して、「たとひ世界に満てる火あるも必ず過ぎて」と語っているが、これは、本経最後の流通文には、「たとひ大火有りて三千大千世界に充満すとも、かならずまさにこれを過ぎて」という多少丁寧な表現となって、もう一度出てくる。あわせてこうした記述の意味を深く味わわれたい。

以上で、「衆生往生の因」という大科段がおわる。これは、『正依大経』中のもっとも肝要な部分と思われるから、少しくまとめをしておこう。

第十一願成就は、往生して滅度、すなわちさとりが得られることである。「必至滅度の願」の成就であるからである。しかし、本経下巻最初の成就文には、そのための前段階として、「かの国に生ずる者は皆ことごとく正定の聚に住す」として、入正定聚位というあり方が示されている。

第十七願成就と第十八願成就とは、名号のはたらきによって他力の信心が得られ、現生において正定聚の位に即かしめられる。また臨終には必ず往生が果たされて、「往生即成仏」の仏果が得られる、ということである。換言すれば、滅度に至るために獲得すべき正定聚の位に即くのには、諸仏讃嘆の名号と、それが私たちの心に定着したところの信心とが必要であるということであろう。

次の三輩章の文は、第十九願成就で、本願疑惑のものに与えられる方便化土の往生を示して、結局、第十八願に転入させるはたらきを持つ、といえよう。その次の、往観偈ならびにその偈前の長行は、つまりは諸仏讃嘆が中心の教説であろうから、これまた第十七願成就におさまる。

ということは、四十八の本願とはいいながら、第十一・十七・十八の三願による衆生救済が語られているのが、この「衆生往生の因」ということになるのであろう。これは、ことさらに真宗義に偏った見解ではないように思われるがいかがであろう。ともかく、ここの科段に記されている経文には、こうした内容が述べられていると解釈できる。

## 【二十八】 衆生往生果

仏告二阿難一、彼国菩薩皆当三究二竟一生補処一。除丁其本願為二衆生一故以二弘誓功徳一而自荘厳、普欲丙度乙脱一切衆生甲。阿難、彼仏国中諸声聞衆身光一尋。菩薩光明照二百由旬一。有二二菩薩一最尊第一。威神光明普照二三千大千世界一。阿難白レ仏、彼二菩薩其号云何。仏言、一名二観世音一二名二大勢至一。是二菩薩於二此国土一修二菩薩行一命終転化生二彼仏国一。阿難、其有二衆生一生二彼国一者皆悉具二足三十二相一。智慧成満深入二諸法一究二暢要妙一、神通無礙諸根明利。其鈍根者成二就二忍一其利根者得二不可計無生法忍一。又彼菩薩乃至二成仏一不レ更二悪趣一。神通自在常識二宿命一。除下生二他方五濁悪世一示現同レ彼如中我国上也。仏告二阿難一、彼国菩薩承二仏威神一一食之頃往二詣十方無量世界一、恭二敬供三養諸仏世尊一。随二心所念一華香伎楽繒蓋幢播無数無量供養之具自然化生応レ念即至。珍妙殊特非二世所有一。輒以奉二散諸仏菩薩声聞大衆一、在二虚空中一化成二華蓋一。光色昱爍香気普熏。其華周円四百里者、如レ是転倍乃覆二三千大千世界一。

随二其前後一以レ次化没。其諸菩薩僉然欣悦。於二虚空中一共奏二天楽一、以二微妙音一歌二歎仏徳一、聴二受経法一歓喜無量。供二養仏一已未レ食之前忽然軽挙還二其本国一。

仏、阿難に告げたまはく、「かの国の菩薩は皆まさに一生補処を究竟すべし。その本願ありて衆生のためのゆゑに弘誓の功徳をもつてみづから荘厳して、あまねく一切衆生を度脱せんと欲するを除く。阿難、かの仏国の中の諸の声聞衆の身光は一尋なり。菩薩の光明は百由旬を照らす。二《ふたり》の菩薩有りて最尊第一なり。威神の光明はあまねく三千大千世界を照らす」と。阿難、仏に白さく、「かの二の菩薩、その号《な》如何」と。仏言はく、「一《ひとり》を観世音と名づけ、二を大勢至と名づく。この二の菩薩は、この国土において菩薩の行を修して命終し転化してかの仏国に生じたまへり。阿難、其衆生有りてかの国に生ずる者は皆ことごとく三十二相を具足す。智慧成満して深く諸法に入り要妙を究暢し、神通無礙にして諸根明利なり。その鈍根の者は二忍を成就し、その利根の者は不可計の無生法忍を得。またかの菩薩すなはち成仏に至るまで悪趣に更《かえ》らず。神通自在にしてつねに宿命を識《さと》る。他方の五濁悪世に生じ示現して彼に同ずること我が国のごとくなるを除く」と。

仏、阿難に告げたまはく、「かの国の菩薩は仏の威神を承けて、一食の頃《あいだ》に十方無量の世界に往詣して、諸仏世尊を恭敬し供養したてまつる。心の所念に随ひて華香・伎楽・繒蓋・幢播、無数無量の供養の具自然に化生して念に応じてすなはち至る。珍妙殊特にして世の所有にあらず。すなはちもつて諸の仏・菩薩・声聞の大衆に奉散するに、虚空の中に在りて化して華蓋と成る。光色昱爍《いくしやく》として香気あまねく熏ず。その華の周円四百里なる者あり。是くのごとくうた倍してすなはち三千大千世界に覆へり。その前後に随ひて次いでをもつて化没す。その諸の菩薩僉然《せんねん》として欣悦《ごんえつ》す。虚空の中においてともに天の楽を奏し、微妙の音をもつて仏徳を歌歎し、経法を聴受して歓喜すること無量なり。仏を供養したてまつることをはりていまだ食せざるの前に忽然として軽挙してその本国に還る」と。

【語　句】

二忍……三法忍のうちの音響忍と柔順忍の二つをいう。

光色昱爍……火の光のように輝いている様子をいう。

僉然として……みなともにということ。

【解　説】

ここから科段が大きくかわって「衆生往生の果」である。すなわち、これまで述べられてきた衆生往生の因を受けて、どのような果報、あるいは浄土での功徳が得られるのか、ということに関しての経文である。

釈尊の阿難に対する最初のお示しは、第二十二願の成就文とされるものである。浄土の菩薩は、いかなる菩薩も一生補処という菩薩の最高位に即いている。がしかし、自身の本願に基づいて、他方世界に姿を現して、普賢大悲の行を修め一切衆生の救済を願って活動する菩薩はこの限りでない。ということで、浄土における菩薩が一生補処という位にあることと、そうでない場合は、いわゆる還相回向という活動中であることが示されている。

第二十二願は、宗祖の見解に基づけば、「一生補処」と「還相回向」という願事があった。そして前者は、「往生即成仏」の真宗教義では格別の意味を持たなくなるし、この位に即いている浄土の菩薩は「従果向因の菩薩」という位置づけで、仏そのもののあり方となる。また、還相の菩薩も、そういう菩薩としてのすがたで還相するというだけで、仏陀としての活動であることは言うまでもないところである。

還相回向という往生の果を、宗祖聖人の「証文類」のご自釈文から示しておきたい、と思うのであるが、残念ながら、ここには引文ばかりがあって、それを得ることができない。よって、「正信偈」

と和讃とによって示すとしよう。「煩悩の林に遊んで神通を現じ、生死の園に入りて応化を示す」（遊煩悩林現神通　入生死園示応化）が、言うまでもなく「正信偈」の二句であり、『浄土和讃』（註釈版五五九頁、五六〇頁）には、

　安楽無量の大菩薩　　一生補処にいたるなり
　普賢の徳に帰してこそ　　穢国にかならず化するなれ
　安楽浄土にいたるひと　　五濁悪世にかへりては
　釈迦牟尼仏のごとくにて　　利益衆生はきはもなし

とあり、また『高僧和讃』曇鸞讃（註釈版五八四頁）には、

　還相の回向ととくことは　　利他教化の果をえしめ
　すなはち諸有に回入して　　普賢の徳を修するなり

とあるとおりである。私たちは凡夫の身でありながら、きわめて得がたい往生と成仏という仏果が得られて、衆生済度の利他の行動もできる。何とすばらしく有難いことではないか。私事ながら、仏教を学んで真宗に出あい、今こういう未来が与えられていること、私は、言葉に尽くしがたい幸せであると感じている。

次には、浄土の菩薩の光明が、声聞衆の身光一尋（八尺ほど）に比較して、百由旬を照らすとある。

しかしさらに、「最尊第一」の菩薩たる観世音菩薩と大勢至菩薩の光明は、三千大千世界を照らすという。けれども、宗祖によれば、光明に差別があるのは化土の相である。

さて、この観音と勢至の二菩薩について、経は大変に興味深いことを語っている。「この国土において菩薩の行を修して命終し転化してかの仏国に生じたまへり」と。ふたりは浄土の第一の菩薩方ではあるが、元々は娑婆世界の菩薩であった。この娑婆世界、すなわち釈尊のまします国土で菩薩の行を修めて命終した結果が、浄土往生になったと示している。私たちの住む娑婆からの浄土往生の具体的な好例、それを挙げているのであろうか。

さらに浄土往生の衆生が、三十二相を具えること、智慧を満足すること、神通力を得ること等が述べられている。けれども、鈍根は二忍を得、利根は不可計の無生法忍を得るなどと、功徳に差が設けられているのは、これまた方便化身土の相といわねばならない。

浄土の菩薩は、決して悪趣すなわち六道生死の世界に戻ることなく、神通力も自在の功徳を得るが、「他方の五濁悪世に生じ示現して彼に同ずること我が国のごとくなるを除く」として、その例外としてのあり方が述べられている。これもまた、先の菩薩の還相回向の相であるが、「五濁悪世に生じ」といい、「彼に同ずること我が国のごとくなる」（五濁悪世の人々と同じ相をとり、釈尊自らがこの娑婆世界に出られたように応化を示して）というのは、とても興味を引く記述であろう。ここまで講読して来て、この記述に接すると、序分の「八相化儀」の受け取り方がわかったような気がする。やはりこれは、浄土の菩薩の還相回向の様子を暗示したもの、と解釈するのが妥当なのではあるまいか。

本項最後の一段落は、浄土の菩薩が十方に往詣して、諸仏を供養することができることを語っている。第二十三の「供養諸仏の願」、第二十四の「供養如意の願」の成就したすがたをいうものであろう。が、細かい内容について解説する要は認めない。

## 【二十九】衆生往生果

仏語二阿難一、無量寿仏為二諸声聞菩薩大衆一班二宣法一時、都悉集二会七宝講堂一、広宣二道教一演二暢妙法一莫レ不二歓喜心解得一レ道。即時四方自然風起普吹二宝樹一、出二五音声一雨二無量妙華一。随レ風周偏自然供養如レ是不レ絶。一切諸天皆齎二天上百千華香万種伎楽一供二養其仏及諸菩薩声聞大衆一。普散二華香一奏二諸音楽一前後来往更相開避。当二斯之時一熙怡快楽不レ可二勝言一。

**仏、阿難に語りたまはく、「無量寿仏諸の声聞・菩薩の大衆のために法を班宣《はんせん》したまふ時、すべてことごとく七宝の講堂に集会して、広く道教を宣べ妙法を演暢したまふに、歓喜し心解し道**

を得ざるはなし。即時に四方より自然に風起りてあまねく宝樹を吹くに、五つの音声を出し無量の妙華を雨らす。風に随ひて周徧して自然に供養すること是くのごとくして絶えず。一切の諸天皆天上の百千の華香、万種の伎楽を齎つて、その仏および諸の菩薩・声聞の大衆を供養したまふ。あまねく華香を散じ諸の音楽を奏し、前後に来往してかはるがはる開避す。この時に当りて熙怡《きい》快楽《けらく》すること勝げて言ふべからず」と。

【語　句】

**班宣**……説法のことであるが、仏は、相手の能力に応じて、法を分けて（これが班の字義）述べ教え示すので、こう表現する。

**熙怡快楽**……身心ともに和らぎよろこぶこと。

【解　説】

浄土の声聞や菩薩の大衆が、七宝の講堂に集会し阿弥陀仏の説法を歓喜して、他方の諸仏だけではなく阿弥陀仏をも供養することをいうのであろう。もっとも経文そのものには、仏・声聞・菩薩の集会そのものが諸天によって供養されることが中心に記されている。

しかしながら、この七宝の講堂という表現は、先に三輩章の解説において、化身土のあり方であることを言及しておいたところである。あるいはまた、声聞や菩薩、さらには天人といった衆生の根機による差なども、阿弥陀仏の真実報土にはあり得ないが、今は、「今現在説法」の仏がましまして、その説法の声が十方世界に響きわたり、わが娑婆世界にも、本願・名号による救済のはたらきとして伝わってきている、と理解すればよいのであろう。

## 【三十】衆生往生果

仏語二阿難一、生二彼仏国一諸菩薩等所レ可二講説一常宣二正法一随二順智慧一無レ違無レ失。於二其国土所有万物一無二我所心一無二染著心一。去来進止情無レ所レ係随レ意自在無レ所二適莫一。無レ彼無レ我無レ競無レ訟。於二諸衆生一得二大慈悲饒益之心一。柔軟調伏無二忿恨心一離蓋清浄無二厭怠心一。等心勝心深心定心愛法楽法喜法之心。滅二諸煩悩一離二悪趣心一。究二竟一切菩薩所行一具二足成三就無量功徳一。得二深禅定諸通明慧一遊二志七覚一修二心仏法一。肉眼清徹靡レ不二分了一。天眼通達無量無限。法眼観察究二竟諸道一。慧眼見レ真能度二彼岸一。仏眼具足覚二了法性一。以二無礙智一為レ人演説。等観二三界空無所有一志二求仏法一、具二諸弁才一除二滅衆生煩悩之患一。従レ如来生解二法如如一、善知二習滅音声方便一不レ欣二世語一楽レ在二正論一。修二諸善本一志崇二仏道一。知二一切法皆悉寂滅一生身煩悩二余倶尽。聞二甚深法一心不二疑懼一常能修行。其大悲者深遠微妙靡レ不二覆載一。究二竟一乗一至二于彼岸一。決二断疑網一慧由レ心出。於二仏教法一該羅無レ外。智慧如二大海一三昧如二山王一。慧光明浄超二踰日月一清白之法具足円満。猶二如雪山一照二諸功徳一等一浄故。猶二如大地一、浄穢好悪無二異心一故。猶二如浄水一、洗二除塵労諸垢染一故。猶二如火王一、焼二滅一切煩悩薪一故。猶二如大風一、行二諸世界一無二障礙一故。猶二如虚空一、於二一切有一無二所著一故。猶二如蓮華一、於二諸世間一無二汚染一故。猶二如大乗一、運二載群萌一出二生死一故。猶二如重雲一、震二大法雷一覚二未覚一故。猶二如大雨一、雨二甘露法一潤二衆生一故。如二金剛山一、衆魔外道不レ能レ動故。如二梵天王一、於二諸善法一最上首故。如二尼拘類樹一、普覆二一切一故。如二優曇鉢華一、希有難レ遇故。如二金翅鳥一、威二伏外道一故。如二衆遊禽一、無レ所二蔵積一故。猶二如牛王一、無二能勝一故。猶二如象王一、善調伏故。如二師子王一、無レ所レ畏故。曠若二虚空一、大慈等故。摧二滅嫉心一不レ忌レ勝故専楽二求法一心無二厭足一。常欲二広説一志無二疲倦一。撃二法鼓一建二法幢一、曜二慧日一除二癡闇一、修二六和敬一常行二法施一、志勇精進心不二退弱一。為二世灯明一最勝福田。常為二導師一等無二憎愛一。唯楽二正道一無二余欣戚一。抜二諸欲刺一以安二群生一。功慧殊勝莫レ不二尊敬一。滅二三垢障一遊二諸神通一。因力縁力意力願力方便之力常力善力定力慧力多聞之力、施戒忍辱精進禅定智慧之力正念正観諸通明力如レ法調二伏諸衆生一力、如レ是等力一切具足。身色相好功徳弁才具足荘厳無二与等者一。恭二敬供三養無量諸仏一、常為三諸仏所二共称歎一。究二竟菩薩諸波羅蜜一修二空無相無願三昧不生不滅諸三昧門一、遠二離声聞縁覚之地一。阿難、彼諸菩薩成二就如レ是無量功徳一。我但為レ汝略説レ之耳。若広説者百千万劫不レ能二窮尽一。

仏、阿難に語りたまはく、「かの仏国に生ずる諸の菩薩等は、講説すべきところにはつねに正法を宣べ智慧に随順して違無く失無し。その国土のあらゆる万物において我所の心無く染著の心無し。去くも来るも進むも止まるも、情に係くるところ無く意に随ひて自在にして適莫《ちゃくまく》するところ無し。彼《ひ》無く我無く競無く訟《じゅ》無し。諸の衆生において大慈悲饒益《にょうやく》の心を得たり。柔軟調《にゅうなんじょう》伏《ぶく》にして忿恨《ふんごん》の心無く離蓋清浄にして厭怠の心無し。等心・勝心・深心・定心、愛法・楽《ぎょう》法・喜法の心のみなり。諸の煩悩を滅して悪趣の心を離る。一切の菩薩の所行を究竟して無量の功徳を具足し成就す。深き禅定と諸の通明慧を得て、志を七覚に遊ばしめ心に仏法を修す。肉眼は清徹にして分了ならざることなし。天眼は通達して無量無限なり。法眼は観察して諸道を究竟す。慧眼は真を見てよく彼岸に度す。仏眼は具足して法性を覚了す。無礙の智をもつて人のために演説す。等しく三界の空・無所有なるを観じて仏法を志求し、諸の弁才を具して衆生の煩悩の患ひを除滅す。如より来生して法の如々を解し、よく習滅の音声の方便を知りて世語を欣ばず楽ひて正論に在り。諸の善本を修して志仏道を崇む。一切の法は皆ことごとく寂滅なりと知りて、生身と煩悩も二余もともに尽く。甚深の法を聞きて心に疑懼せずつねによく修行す。その大悲は深遠微妙にして覆載せざるはなし。一乗を究竟して彼岸に至らしむ。疑網を決断して慧は心より出づ。仏の教法において該羅《かいら》して外無し。智慧は大海のごとく三昧は山王のごとし。慧光は明浄にして日月に超踰し、清白の法具足し円満せり。なほ雪山のごとし、諸の功徳を照らすこと等一にして浄きがゆゑに。なほ大地のごとし、浄穢・好悪《こうあく》異心無きがゆゑに。なほ浄水のごとし、塵労諸の垢染を洗除するがゆゑに。なほ火王のごとし、一切の煩悩の薪を焼滅するがゆゑに。なほ大風のごとし、諸の世界を行くに障礙無きがゆゑに。なほ虚空のごとし、一切の有において所著なきがゆゑに。なほ蓮華のごとし、諸の世間において汚染無きがゆゑに。なほ大乗のごとし、群萌を運載して生死を出すがゆゑに。なほ重雲のごとし、大法の雷を震ひて未覚を覚せしむるがゆゑに。なほ大雨のごとし、甘露の法を雨らして衆生を潤すがゆゑに。金剛山のごとし、衆魔・外道も動かすことあたはざるがゆゑに。梵天王のごとし、諸の善法において最上首なるがゆゑに。尼拘類樹のごとし、あまねく一切を覆ふがゆゑに。優曇鉢華のごとし、希有にして遇ひがたきがゆゑに。金翅鳥のごとし、外道を威伏するがゆゑに。衆の遊禽のごとし、蔵積するところ無きがゆゑに。なほ牛王のごとし、よく勝るるもの無きがゆゑに。なほ象王のごとし、よく調伏するがゆゑに。師子王のごとし、畏るるところ無きがゆゑに。曠《ひろ》きこと虚空のごとし、大慈等しきがゆゑに。嫉心を摧滅して、勝れるを忌《そね》まざるがゆゑにもつぱら法を楽ひ求めて心厭足《えんそく》無し。つねに広く説かんと欲して志疲倦無し。法鼓を撃ち法幢を建て、慧日を曜かし癡闇を除き、六和敬《ろくわきょう》を修してつねに法施を行じ、志勇精進にして心退弱せず。世の灯明と為り最勝の福田なり。つねに導師と為り等しくして憎愛無し。ただ正道を楽ひて余の欣戚《ごんしゃく》無し。諸の欲の刺を抜きてもつて群生を安んず。功・慧殊勝にして尊敬せられざるはなし。三垢の障を滅し諸の神通に遊ぶ。因力・縁力・意力・願力・方便の力・常力・善力・定力・慧力・多聞の力、施・戒・忍辱・精進・禅定・智慧の力、正念・正観・諸の通明の力、法のごとく諸の衆生を調伏する力、是くのごときらの力一切具足せり。身色・相好・功徳・弁才具足し荘厳して、ともに等しき者無し。無量の諸仏を恭敬し供養したてまつりて、つねに諸仏のともに称歎するところと為る。菩薩の諸の波羅蜜を究竟し、空・無相・無願三昧と不生不滅の諸の三昧の門を修して、声聞・縁覚の地を遠離す。阿難、かの諸の菩薩、是くのごときの無量の功徳を成就せり。我ただ汝がために略してこれを説くのみ。もし広く説かば百千万劫にも窮尽《ぐじん》することあたはず」と。

【語　句】

我所の心……自己の所有、わがものというとらわれの心をいう。

適莫……適は親、莫は疎ということで、救うべき衆生に対して、親疎のへだての心をもつこと。

**七覚**……七覚支、七菩提分法のこと。さとりを得るための修行方法の一種で、念覚支と択法覚支等の六つをいう。詳しくは辞書の説明を参照されたい。

**肉眼等**……仏の具える五種の眼を五眼という。以下の経文に出るがごとし。肉眼＝現実の色形を見る眼、天眼＝三世十方を見る眼、法眼＝現象の差別を見分ける眼、慧眼＝真理の平等を見ぬく眼、そして、仏眼＝前四眼を具える仏の眼である。

**二余**……業余と果報余の二種をいい、業余（煩悩＝見修二惑の残りもの、余りもの）としての無明住地と、果報余（分段生死としての身体の余りもの）としての変易生死とをいう。菩薩はこの二余を有する存在であるが、浄土の菩薩はそれが滅しているというのである。

**該羅**……網の中におさめ取っているということ。

**尼拘類樹**……尼拘類とは梵語 nyagrodha の音写で、樹枝が大きく広がって炎天をさける陰をつくるバニヤン樹をいう。縦広樹などとも訳す。

**六和敬**……修行者が、六つの点で互いに敬いあうこと。大乗では菩薩の衆生に対する和敬法とする。身和敬・口和敬・意和敬・戒和敬・見和敬、そして利和敬をいう。

**【解　説】**

いささか長いが、衆生往生の果を説く最後の一段である。真宗教義においては、念仏者の利益は「現当二益」といわれ、現世での正定聚と来世での往生・成仏（さとりの内実としての還相回向）につきる。浄土に往生しては、特に、即成仏の仏果を得るのであるから、ここに示される浄土の菩薩の諸の功徳は、必ずしもこの経文のとおりに受け取るべきものではなかろうが、今は、当面の経文にしたがって簡単に解説を加えておきたい。これらの記述によって、語注しておいた「五眼」の中に仏眼があったように、所詮は、仏の功徳の諸もろが述べられていると受け取ればよいのであろう。

説法の智慧が得られていて、大慈悲饒益の心も具わっていて利他行が完全である。すなわち、第二十五の「説一切智の願」の成就の相が説かれ、その次には、還相回向の利他教化地の相を語っているものと思われる。『如来会』巻下には、「遍遊仏刹無愛無厭」とある（前掲書三二五頁）から、他方仏国にいたっての教化であることが明確であるし、「厭怠の心無し」というのも教化時におけるものである。

その次に「一切の菩薩の所行を究竟して無量の功徳を具足し成就す」といい、文字通り無量の功徳が示されているが、これは解説を略す。五眼に仏眼があること、前述のごとし。あるいはまた「無礙の智をもつて人のために演説す」とあり、「諸の弁才を具して衆生の煩悩の患ひを除滅す」ともいうが、これらが衆生救済のはたらきを示すものであって、仏としての活動そのものが記述されていると理解するのは、それほど無理ではなかろう。

また、この菩薩の有する智慧・三昧・慧光等を、「～のごとし、～なるがゆゑに」の形で譬説して讃えている。計二十二種があるが、件の深励師によれば、最初の九は自利の徳、その次の「大乗のごとし」以下の十三は利他の徳であるという（前掲書六五六～九頁）。

さらには、説法の徳を述べている。くり返しと思われるところもあるが、自利利他円満の菩薩が衆生のために説法して利益する意を強調しているのであろう。「世の灯明と為り最勝の福田」となり、「つねに導師と為り」て、世の群生を安んずることが浄土の菩薩の本質だというのである。

こうした果徳は、まさに仏の功徳と同じ価値のものとして述べられている。そして、最後には、この菩薩の功徳を詳説しようと思うなら、釈尊が千万劫の時間を費やしても説き尽くすことはできないと結ばれている。

阿弥陀仏の浄土に往生すれば、以上のごとき無量の功徳が得られる。それほど無限の価値を有する往生ということで、阿弥陀仏の成仏の因果が、そのまま私たち衆生の往生の因となってはたらき、私たちのところに、この上ない果徳として展開してくるというわけである。

## 【三十一】釈迦指勧　浄穢欣厭

仏告二弥勒菩薩諸天人等一、無量寿国声聞菩薩功徳智慧不レ可二称説一。又其国土微妙安楽清浄若レ此。何不丁力為レ善念二道之自然一著丙於無二上下一洞達無乙辺際甲。宜二各勤精進努力自求レ之。必得二超絶去一往二生安養国一、横截二五悪趣一悪趣自然閉、昇レ道無二窮極一。易レ往而無レ人。其国不二逆違一白然之所レ牽。何不下棄二世事一勤行求中道徳上。可下獲二極長生一寿楽無上レ有レ極。然世人薄俗共諍二不急之事一。於二此劇悪極苦之中一勤二身営務一以自給済。無レ尊無レ卑無レ貧無レ富少長男女共憂二銭財一。有無同然憂思適等。屏営愁苦累レ念積レ慮為二心走使一無レ有二安時一。有レ田憂レ田有レ宅憂レ宅。牛馬六畜奴婢銭財衣食什物復共憂レ之。重レ思累レ息憂念愁怖。横為二非常水火盗賊怨家債主一焚漂劫奪消散磨滅憂毒忪忪無レ有二解時一。結二憤心中一不レ離二憂悩一。心堅意固適無二縦捨一。或坐二摧砕一身亡命終棄二捐之一去莫二誰随者一。尊貴豪富亦有二斯患一。憂懼万端勤苦若レ此。結二衆寒熱一与レ痛共居。貧窮下劣困乏常無。無レ田亦憂欲レ有レ田無レ宅亦憂欲レ有レ宅無二牛馬六畜奴婢銭財衣食什物一亦憂欲レ有レ之。適有レ一復少レ一有レ是少レ是。思二有斉等一適欲二具有一便復縻散。如レ是憂苦当二復求索不レ能二時得一。思想無レ益身心倶労坐起不レ安憂念相随勤苦若レ此。亦結二衆寒熱一与レ痛共居。或時坐レ之終レ身夭レ命。不三肯為レ善行レ道進レ徳寿終身死当二独遠去一。有レ所二趣向一善悪

之道莫二能知者一。世間人民父子兄弟夫婦家室中外親属当三相敬愛無二相憎嫉一。有無相通無レ得二貪惜一、言
色常和莫二相違戻一。或時心諍有レ所二恚怒一、今世恨意微相憎嫉、後世転劇至レ成二大怨一。所以者何。世間
之事更相患害雖レ不三即時応二急相破一然含レ毒畜レ怒結二憤精神一自然剋識不レ得二相離一。皆当二対生更相報
復一。人在二世間愛欲之中一独生独死独去独来。当三行至二趣苦楽之地一。身自当レ之無レ有二代者一。善悪変化
殃福異レ処宿予厳待当二独趣入一。遠到二他所一莫二能見者一。善悪自然追レ行所レ生。窈窈冥冥別離久長。道
路不レ同会見無レ期。甚難甚難復得二相値一。何不レ棄二衆事一。各曼二強健時一努力勤二修善一精進願二度世一可レ
得二極長生一。如何不レ求レ道。安所レ須レ待。欲二何楽一哉。如レ是世人不レ信二作レ善得レ善為レ道得一レ道。不レ
信二人死更生恵施得一レ福。善悪之事都不レ信レ之謂二之不一レ然終無レ有レ是。但坐レ此故且自見レ之更相瞻視先
後同然。転相承受父余教令。先人祖父素不レ為レ善、不レ識二道徳一身愚神闇心塞意閉、死生之趣善悪之
道自不レ能レ見無レ有二語者一。吉凶禍福競各作レ之無二一怪一也。生死常道転相嗣立。或父哭レ子或子哭レ父
兄弟夫婦更相哭泣。顚倒上下無常根本。皆当二過去一不レ可二常保一。教語開導信レ之者少。是以生死流転
無レ有二休止一。如レ此之人矇冥抵突不レ信二経法一心無二遠慮一、各欲レ快レ意、癡二惑於愛欲一不レ達二於道徳一迷二
没於瞋怒一貪二狼於財色一。坐レ之不レ得レ道、当下更二悪趣苦一生死無中窮已上。哀哉甚可レ傷。或時室家父子兄
弟夫婦一死一生更相哀愍恩愛思慕憂念結縛、心意痛著迭相顧恋。窮レ日卒レ歳無レ有二解已一。教二語道徳一
心不二開明一思二想恩好一不レ離二情欲一。昏矇閉塞愚惑所レ覆。不レ能三深思熟計心自端正専精行レ道決二断世

事一。便旋至レ竟年寿終尽不レ能レ得レ道無レ可二奈何一。総猥憒擾皆貪二愛欲一。惑レ道者衆悟レ之者寡。世間悤悤無レ可二憀頼一。尊卑上下貧富貴賤勤苦悤務各懐二殺毒一。悪気窈冥為妄興レ事。違二逆天地一不レ従二人心一。自然非悪先随与レ之恣聴二所為一待二其罪極一。其寿未レ尽便頓奪レ之、下二入悪道一累世勤苦。展二転其中一数千億劫無レ有二出期一。痛不レ可レ言。甚可二哀愍一。

仏、弥勒菩薩と諸の天人等に告げたまはく、「無量寿国の声聞・菩薩の功徳・智慧は称説すべからず。またその国土は微妙安楽にして清浄なることかくのごとし。何ぞ力《つと》めて善を為し道の自然なるを念じて上下と無く洞達して辺際無きことを著《あらわ》さざらん。よろしく各おの勤精進し努力めてみづからこれを求むべし。必ず超絶し去《す》つることを得て安養国に往生して、横《よこさま》に五悪趣を截り悪趣自然に閉ぢ、道に昇るに窮極無からん。往き易くして人無し。その国逆違せず自然の牽くところなり。何ぞ世事を棄てて勤行して道徳を求めざらん。極長の生を獲て寿の楽しみ極まり有ること無かるべし。然るに世の人薄俗にしてともに不急の事を諍ふ。この劇悪極苦の中において身の営務を勤めてもつてみづから給済す。尊と無く卑と無く、貧と無く富と無く、少長・男女ともに銭財を憂ふ。有も無も同然にして憂思することまさに等し。屏営《びょうよう》として愁苦し、念を累ね慮りを積みて、心の走り使うところと為り安き時有ること無し。田有れば田に憂へ宅有れば宅に憂ふ。牛馬六畜・奴婢・銭財・衣食・什物またともにこれを憂ふ。思を重ね息を累《つ》みて憂念愁怖す。横に非常の水火・盗賊・怨家・債主のために焚かれ漂され劫奪せられて、消散し磨滅せば憂毒忪々《しゆじゆ》として解くる時有ること無し。憤りを心中に結びて憂悩を離れず。心堅く意固くまさに縦《じゆう》捨《しや》すること無し。あるいは摧砕によりて身亡び命終れば、これを棄捐して去るに誰も随ふ者なし。尊貴・豪富もまたこの患ひ有り。憂懼万端にして勤苦することかくのごとし。衆の寒熱を結びて痛みとともに居す。貧窮・下劣のものは困乏してつねに無し。田無ければまた憂へて田有らんと欲し、宅無ければまた憂へて宅有らんと欲し、牛馬六畜・奴婢・銭財・衣食・什物無ければまた憂へてこれ有らんと欲す。たまたま一つ有ればまた一つ少《か》け、是有れば是を少く。有ること斉等ならんと思ひ、たまたま具さに有らんと欲せば、すなはちまた糜散す。是くのごとく憂苦してまさにまた求索すれども時に得ることあたはざるべし。思想するも益無く、身心ともに労れて坐起安からず、憂念あひ随ひて勤苦することかくのごとし。また衆の寒熱を結びて痛みとともに居す。ある時はこれによりて身を終へ命を夭《ほろ》ぼす。あへて善を為し道を行じて徳に進まず、寿終り身死してまさに独り遠く去るべし。趣向するところ有れども善悪の道よく知る者なし。世間の人民の父子・兄弟・夫婦・家室・中外の親属、まさにあひ敬愛してあひ憎嫉すること無かるべし。有無あひ通じて貪惜を得ること無く、言色つねに和してあひ違戻することなかれ。ある時に心諍ひて恚怒するところ有れば、今世の恨みの意は微《すこ》しくあひ憎嫉すれども、後世にはうたた劇しくして大怨を成ずるに至る。ゆゑは何ん。世間の事かはるがはる患害し、即時に急にあひ破すべからずといへども、然も毒を含み怒りを畜へて憤りを精神に結び、自然に剋識《こくし》してあひ離るることを得ず。皆まさに対生してかはるがはる報復すべし。人世間の愛欲の中に在れども独り生じ独り死し独り去り独り来る。行きて苦楽の地に至り趣くべし。身みづからこれに当りて、代る者有ること無し。善悪変化して殃福処を異にし、あらかじめ厳待してまさに独り趣入すべし。遠く他所に到ればよく見る者なし。善悪自然にして行を追ひて生ずるところなり。窈々《ようよう》冥々《みようみよう》として別離久しく長し。道路同じからずして会ひ見ること期無し。はなはだかたくはなはだかたければまたあひ値ふことを得んや。何ぞ衆事を棄てざらん。各おの強健の時に曼《およ》びて、努力めて善を勤修し精進して度世を願じ極長の生を得べし。如何んぞ道を求めざらん。安んぞすべからく待つべきところあらん。何の楽をか欲せんや。是くのごとき世の人、善を作して善を得道を為して道を得ることを信ぜず。人死してさらに生じ、恵施して福を得ることを信ぜず。善悪の事すべてこれを信ぜずして、これを然らずと謂ひてつひに是とすること有ること無し。ただこれによるがゆゑにまたみづからこれを見て、かはるがはる瞻視して先後同じく然なり。うたたあひ承受するに父の余《のこ》せる教令をもつてす。先人・祖父もとより善を為さず、道徳を識らず身愚かに神闇く心塞り意閉ぢて、死生の趣善悪の道みづから見ることあたはず語る者有ること無し。吉凶・禍福競ひて各おのこれを作すに、一りも怪しむもの無し。生死の常道うたたあひ嗣ぎて立つ。あるいは父子に哭しあるいは子父に哭し兄弟・夫婦かはるがはる哭泣す。顚倒上下することは無常の根本なり。皆まさに過ぎ去るべく常には保つべからず。教語し開導すれどもこれを信ずる者ものは少なし。ここをもつて生死流転し休止すること有ること無し。かくのごときの人矇冥《もうみょう》抵突《たいとつ》して経法を信ぜず心に遠き慮り無くして、各おの意を快くせんと欲し、愛欲に癡惑して道徳に達せず、瞋怒に迷没し財・色を貪狼す。これによりて道を得ず、まさに悪趣の苦に更りて、生死窮まり已むこと無かるべし。哀れなるかなはなはだ傷むべし。ある時は室家の父子・兄弟・夫婦一りは死し一りは生きてかはるがはる哀愍し恩愛思慕して憂念結縛し、心意痛著してかはるがはるあひ顧恋す。日を窮め歳を卒へて解け已むこと有ること無し。道徳を教語すれども心開明せず、恩好を思想して情欲を離れず。昏矇《こんもう》閉塞して愚惑に覆はれたり。深く思ひつらつら計り心みづから端正にして、専精に道を行じて世事を決断することあたはず。便旋として竟りに至り年寿終り尽きれば、道を得ることあたはず、奈何ともすべきこと無し。総猥憒擾《そうわいかいにょう》にして皆愛欲を貪る。道に惑ふ者は衆くこれを悟る者は寡し。世間悤々として憀頼《りょうらい》すべきもの無し。尊卑・上下・貧富・貴賤勤苦悤務して各おの殺毒を懐く。悪気窈冥としてために妄りに事を興す。天地に違逆し人心に従はず。自然の非悪まづ随ひてこれに与《くみ》し、ほしいままに所為を聴してその罪の極まるを待つ。その寿いまだ尽きざるにすなはちたちまちにこれを奪ひ、悪道に下り入りて累世に勤苦す。その中に展転して数千億劫にも出づる期有ること無し。痛み言ふべからず。はなはだ哀愍すべし」と。

【解　説】

ここから科段が大きく変わって、「釈迦指勧」の段に入る。すなわち、阿弥陀如来の浄土あるいは往生ということに関する直接的な教説ではなくして、釈尊が、衆生に対して浄土の楽を示しつつ娑婆の苦を厭わしめる一段、とされるところである。特に本講述の科段番号三十一から四十までの部分は、「三毒段」「五悪段」と称され、両者を一緒にしては「悲化段」とも呼ばれてきた。ところがこの教説は、

たとひ我仏を得たらんに、十方の衆生心を至し信楽して我が国に生ぜんと欲ひて乃至十念せん。もし生ぜずは正覚を取らじ。

あらゆる衆生その名号を聞きて、信心歓喜せんこと乃至一念せん。至心に回向したまへり。かの国に生ぜんと願ずれば、すなはち往生を得不退転に住す。

という往生の因を説く、『正依大経』の経文からは、はなはだ異質の教えであるといわねばならない。

勧善懲悪の思想に基づき、善業を修めて浄土往生を求めよ、といい、善業にはこういうよき報いがあるという観念は、明確に、「悪人正機説」を基礎におく真宗教義とは相容れないし、『正依大経』のこれまでの教説や、宗祖聖人の解釈に矛盾しているといえよう。

かりに、註釈版の「補註5」（一五六〇頁下）がいうように、

浄土真宗では『大経』の「五悪段」は、第十八願成就文の逆謗抑止の教意を広く説かれたものと領解されてきた。すなわち、未信者に対しては、悪を誡めつつ自身の罪悪を知らしめて本願の念仏に導き、信者に対しては、機の深信の立場から、自身をつねに顧みて、五悪をつつしみ、五善をつとめるように信後の倫理生活を勧誡されたものと受けとめられてきたのである。

と解釈するにしても、だからといって、本経の中で、解釈がスムーズにゆくというものでもなかろうと思う。違和感は、相変わらず残っている。

浄土教理思想史の専門家は、

「五悪段」は内容的には、シナ思想をとり入れた跡が歴然としており、また文献的には、旧訳三本だけに説かれ、他の諸本には説かれないものであるから、本来〈無量寿経〉の原文にはなかったものであり、シナにおいて新しくつけ加えられたものであることは明らかといわねばならない。

（藤田宏達著『原始浄土思想の研究』二〇一頁）

と述べられているが、論者も概ねこの考えに賛成している。宗祖がよく引かれる『如来会』にも、あるいはまた現行のサンスクリット諸本にもこの部分がないことは、だからといって私たちの『正依大経』の原本にははじめから無かったと断言することはできないにしても、もともとの〈無量寿経〉に本質的な部分でなかったことは確かである。

こういうことで、この三毒・五悪段の解説は、ここでのこの解説以外には、私は一切しないことにしたい。もっとも、私自身のこのところに対する意見表明は、小さいながら二つの論考によってすでに発表しているから、それに譲るということである。それで、この二つの論考をこの講本にも再録しておいた。研究篇に収録した第二章と第三章とである。それらを参照することで、三毒・五悪段に解説を加えないという責めを果たし得ると考えたためである。また、理解しがたい単語も多く出ているが、それらの語注解説も省略した。興味のある向きは、註釈版の脚註等々を利用して、各自で研鑽されたい。

なお、この部分からの宗祖の引用は、ただの二回しかない。すなわち、「信文類」等々の引用（註釈版二五四・五頁、四八二頁、六四五～七頁）で、この引文は、「三毒・五悪段」の思想で引かれているのではなくして、『尊号真像銘文』の引用に詳しく解説されているように（六四六・七頁）、他力、証涅槃、「易往而無人」、真実信をいうためのもので、この経文の語を、そのためだけに使用しているに過ぎない、と考えられよう。宗祖聖人は、断じて、三毒段の教説を認めた上で引用しているのではない。

次の段に出る「有至心願生安楽国者可得智慧明達功徳殊勝」の文も、「信文類」末に引用されてはいる（註釈版二五七頁、第八十八段）。しかしこれも、現代語版聖典『教行信証』が訳しているように（二四五頁）、第十八願のこころで、真実信心を得たものの往生後の果徳を意味しているとして引いているのである。これまた、三毒段の内容とは無関係といえよう。

## 【三十二】釈迦指勧　弥勒領解

仏告二弥勒菩薩諸天人等一、我今語二汝世間之事一。人用レ是故坐不レ得レ道。当下熟思計遠二離衆悪一択二其善者一勤而行上レ之。愛欲栄華不レ可二常保一。皆当二別離一。無二可レ楽者一。曼二仏在世一当二勤精進一。其有下至レ心願上レ生二安楽国一者可レ得二智慧明達功徳殊勝一。勿下得レ随二心所欲一虧二負経戒一在中人後上也。儻有二疑意一不レ解レ経者可二具問一レ仏。当二為説一レ之。

弥勒菩薩長跪白言、仏威神尊重所説快善。聴二仏経語一貫レ心思レ之、世人実爾。如二仏所一レ言。今仏慈愍顕二示大道一、耳目開明長得二度脱一。聞二仏所説一莫レ不二歓喜一。諸天人民蠕動之類皆蒙二慈恩一解二脱憂苦一。

仏語教誡甚深甚善。智慧明見二八方上下去来今事一莫レ不二究暢一。今我衆等所三以蒙レ得二度脱一、皆仏前世求道之時謙苦所レ致。恩徳普覆福禄巍巍。光明徹照達レ空無レ極。開二入泥洹一教二授典攬一威制消化感二動十方一無窮無極。仏為二法王一。尊超二衆聖一。普為二一切天人之師一随二心所願一皆令レ得レ道。今得レ値レ仏復聞二無量寿仏声一靡レ不二歓喜一、心得二開明一。

仏、弥勒菩薩と諸の天人等に告げたまはく、「我今汝に世間の事を語れり。人是をもつてのゆゑに坐《とど》まりて道を得ず。まさにつらつら思ひ計りて衆悪を遠離し、その善の者を択びて勤めてこれを行ずべし。愛欲も栄華もつねには保つべからず。皆まさに別離すべし。楽しむべき者無し。仏の在世に曼びてまさに勤精進すべし。其心を至して安楽国に生ぜんと願ずること有る者は、智慧明らかに達し功徳殊勝なることを得べし。心の所欲に随ひて経戒を虧負《きぶ》して人の後《しりえ》に在ることを得ることなかれ。もし疑の意有りて経を解せずはつぶさに仏に問ひたてまつるべし。まさにためにこれを説くべし」と。

弥勒菩薩、長跪して白して言さく、「仏は威神尊重にして所説快く善し。仏の経語を聴きたてまつりて心を貫きてこれを思ふに、世の人まことに爾なり。仏の言ふところのごとし。今仏、慈愍して大道を顕示したまふに、耳目開明にして長く度脱を得。仏の所説を聞きたてまつりて歓喜せざるはなし。諸天・人民・蠕動《ねんどう》の類、皆慈恩を蒙りて憂苦を解脱す。仏語の教誡ははなはだ深くはなはだ善し。智慧明らかに八方上下去来今の事を見そなはして究暢せざるはなし。今我衆等の度脱を得ることを蒙るゆゑは、皆仏の前世に求道の時謙苦せるの致すところなり。恩徳あまねく覆ひて福禄巍々たり。光明徹照して空に達すること極まり無し。泥洹に開入せしめ典攬を教授し、威制消化して十方を感動せしめたまふこと無窮無極なり。仏は法王たり。尊きこと衆聖に超えたまへり。あまねく一切の天・人の師と為りて心の所願に随ひて皆道を得しめたまふ。今仏に値ひたてまつることを得、また無量寿仏の声を聞きたてまつりて歓喜せざるはなく心開明なることを得たり」と。

## 【三十三】釈迦指勧　弥勒領解

仏告二弥勒菩薩一、汝言是也。若有三慈二敬於仏一者実為二大善一。天下久久乃復有レ仏。今我於二此世一作レ仏演二説経法一宣二布道教一、断二諸疑網一抜二愛欲之本一杜二衆悪之源一。遊二歩三界一無レ所二拘礙一。典攬智慧衆道之要。執二持綱維一昭然分明。開二示五趣一度二未レ度者一決二正生死泥洹之道一。弥勒当レ知。汝従二無数劫一来修二菩薩行一欲レ度二衆生一其已久遠。従レ汝得レ道至二于泥洹一不レ可二称数一。汝及十方諸天人民一切四衆永劫已来展二転五道一憂畏勤苦不レ可二具言一。乃至二今世一生死不レ絶与レ仏相値聴二受経法一又復得レ聞二無量寿仏一。快哉甚善。吾助レ爾喜。汝今亦可三自厭二生死老病痛苦一。悪露不浄無二可レ楽者一。宜下自決断端レ身正レ行益作二諸善一修レ己潔レ体洗二除心垢一、言行忠信表裏相応上。人能自度転相拯済精明求願積二累善本一。雖二一世勤苦一須臾之間。後生二無量寿仏国一快楽無レ極。長与二道徳一合明永抜二生死根本一無二復貪恚愚癡苦悩之患一。欲二寿一劫百劫千万億劫一自在随レ意皆可レ得レ之。無為自然次二於泥洹之道一。汝等宜三各精進求二心所願一。無レ得下疑惑中悔自為二過咎一、生二彼辺地七宝宮殿一五百歳中受中諸厄上也。弥勒白レ仏言、受二仏重誨一専精修学如レ教奉行不二敢有一レ疑。

仏、弥勒菩薩に告げたまはく、「汝が言へることは是なり。もし仏を慈敬すること有らば実に大善と為す。天下に久々にしてすなはちまた仏有す。今我この世において仏と作りて、経法を演説し道教を宣布し、諸の疑網を断ち愛欲の本を抜き衆悪の源を杜《ふさ》ぐ。三界に遊歩するに拘礙するところ無し。典攬の智慧は衆道の要なり。綱維を執持して昭然分明なり。五趣に開示していまだ度せざる者を度し、生死と泥洹の道を決正す。弥勒、まさに知るべし。汝無数劫よりこのかた菩薩の行を修して衆生を度せんと欲するに其すでに久遠なり。汝に従ひて道を得泥洹に至るもの称り数ふべからず。汝および十方の諸天・人民、一切の四衆永劫よりこのかた五道に展転して、憂畏勤苦することつぶさに言ふべからず。すなはち今世に至るまで生死絶えざるに、仏とあひ値ひて経法を聴受し、また無量寿仏を聞くことを得たり。快きかなはなはだ善し。吾爾《なんじ》を助けて喜ばしむ。汝今またみづから生・死・老・病の痛苦を厭ふべし。悪露不浄にして楽しむべき者無し。よろしくみづから決断し身を端《ただ》し行を正してますます諸の善を作し、己を修めて体を潔くし心垢を洗除し、言行忠信にして表裏相応すべし。人よくみづから度してうたたあひ拯済し精明に求願して善本を積累せよ。一世に勤苦すといへども須臾の間なり。後に無量寿仏国に生じて快楽極まり無し。長く道徳と合明して永く生死の根本を抜き、また貪・恚・愚癡の苦悩の患ひ無し。寿一劫・百劫・千万億劫ならんと欲すれば自在に意に随ひて皆これを得べし。無為自然にして泥洹の道に次し。汝らよろしく各おの精進して心の所願を求むべし。疑惑して中悔しみづから過咎を為し、かの辺地の七宝の宮殿に生じて五百歳の中に諸の厄を受くることを得ること無かれ」と。弥勒、仏に白して言さく、「仏の重誨を受けて専精に修学し教のごとく奉行してあへて疑ふこと有らず」と。

## 【三十四】釈迦指勧　五善五悪

仏告ニ弥勒一、汝等能於ニ此世一端レ心正レ意不レ作ニ衆悪一甚為ニ至徳一。十方世界最無ニ倫匹一。所以者何。諸仏国土天人之類自然作レ善不ニ大為レ悪易レ可ニ開化一。今我於ニ此世間一作レ仏処ニ於五悪五痛五焼之中一為ニ最劇苦一。教ニ化群生一令レ捨ニ五悪一令レ去ニ五痛一令レ離ニ五焼一降ニ化其意一令レ持ニ五善一、獲ニ其福徳度世長寿泥洹之道一。仏言、何等五悪何等五痛何等五焼。何等消ニ化五悪一令レ持ニ五善一獲ニ其福徳度世長寿泥洹之道一。

仏、弥勒に告げたまはく、「汝らよくこの世において心を端し意を正して衆悪を作さざればはなはだ至徳と為す。十方世界にもつとも倫匹無からん。ゆゑは何ん。諸仏の国土の天・人の類は自然に善を作して大きに悪を為さざれば開化すべきこと易ければなり。今我この世間において仏と作りて、五悪・五痛・五焼の中に処することもつとも劇苦なりと為す。群生を教化して五悪を捨てしめ五痛を去らしめ五焼を離れしめ、その意を降化して五善を持たしめて、その福徳・度世・長寿・泥洹の道を獲しめん」と。仏言はく、「何らか五悪何らか五痛何らか五焼なる。何らか五悪を消化して五善を持たしめて、その福徳・度世・長寿・泥洹の道を獲しむる」と。

# 【三十五】五善五悪　第一悪

仏言、其一悪者、諸天人民蠕動之類欲レ為二衆悪一莫レ不二皆然一。強者伏レ弱転相尅賊残害殺戮迭相呑噬。不レ知レ修レ善悪逆無道後受二殃罰一自然趣向。神明記識犯者不レ赦。故有二貧窮下賤乞丐孤独聾盲瘖瘂愚癡弊悪一、至レ有二尫狂不逮之属一。又有二尊貴豪富高才明達一。皆由二宿世慈孝修レ善積レ徳所一レ致。世有二常道王法牢獄一不二肯畏慎一為レ悪入レ罪受二其殃罰一。求二望解脱一難レ得二免出一。世間有二此目前見事一。寿終後世尤深尤劇。入二其幽冥一転レ生受レ身譬如二王法痛苦極刑一。故有二自然三塗無量苦悩一。転貿二其身一改レ形易レ道所レ受寿命或長或短、魂神精識自然趣レ之。当二独値向相従共生更相報復無一レ有二絶已一。殃悪未レ尽不レ得二相離一。展二転其中一無レ有二出期一難レ得二解脱一。痛不レ可レ言。天地之間自然有レ是。雖レ不二即時卒暴応一レ至二善悪之道一会当レ帰レ之。是為二一大悪一痛一焼一。勤苦如レ是。譬如三大火焚二焼人身一。人能於レ中一心制レ意端レ身正レ行独作二諸善一不レ為二衆悪一者、身独度脱獲二其福徳度世上天泥洹之道一。是為二一大善一也。

**仏言はく、「その一つの悪とは、諸天・人民・蠕動の類衆悪を為さんと欲して皆然らざるはなし。強き者は弱きを伏しうたたあひ剋賊《こくぞく》し残害殺戮《せつろく》してたがひにあひ呑噬《とんぜい》す。善を修することを**

知らず悪逆無道にして後に殃罰を受けて自然に趣向す。神明は記識して犯せば赦さず。ゆゑに貧窮・下賤・乞丐・孤独・聾・盲・瘖瘂・愚癡・弊悪なるもの有り、尫・狂・不逮の属有るに至る。また尊貴・豪富・高才・明達なるもの有り。皆宿世に慈孝ありて善を修し徳を積めるの致すところに由る。世に常道の王法の牢獄有れども、あへて畏れ慎まず悪を為し罪に入りてその殃罰を受く。解脱を求望すれども免れ出づることを得がたし。世間にこの目前に見ること有り。寿終りて後世にもつとも深くもつとも劇《はげ》し。その幽冥に入り生を転じて身を受くること、譬へば王法の痛苦極刑なるがごとし。ゆゑに自然に三塗の無量の苦悩有り。うたたその身を貿へ形を改め道を易へて、受くるところの寿命あるいは長くあるいは短くして、魂神精識自然にこれに趣く。まさに独り値ひ向かひあひ従ひてともに生じ、かはるがはる報復して絶え已むこと有ること無かるべし。殃悪いまだ尽きざればあひ離るることを得ず。その中に展転して出づる期有ること無く解脱を得がたし。痛み言ふべからず。天地の間に自然に是有り。即時にはかに善悪の道に至るべからずといへども、かならずまさにこれに帰すべし。是を一つの大悪・一つの痛・一つの焼と為す。勤苦すること是くのごとし。譬へば大火の人身を焚焼するがごとし。人よく中において一心に意を制し身を端し行を正し、独り諸善を作して衆悪を為さざれば、身独り度脱してその福徳・度世・上天・泥洹の道を獲ん。是を一つの大善と為す」と。

# 【三十六】五善五悪　第二悪

仏言、其二悪者、世間人民父子兄弟室家夫婦都無二義理一不レ順二法度一。奢婬憍縦各欲レ快レ意任レ心自恣更相欺惑。心口各異言念無レ実。佞諂不忠巧言諛媚。嫉レ賢謗レ善陥二入怨枉一。主上不レ明任二用臣下一臣下自在機偽多端。践レ度能行知二其形勢一在レ位不レ正為二其所一レ欺、妄損二忠良一不レ当二天心一。臣欺二其君一子欺二其父一、兄弟夫婦中外知識更相欺誑。各懐二貪欲瞋恚愚癡一欲二自厚一レ己欲二貪多有一。尊卑上下心倶同然。破レ家亡レ身不レ顧二前後一親属内外坐レ之而滅。或時室家知識郷党市里愚民野人転共従レ事更相利害忿成二怨結一。富有慳惜不二肯施与一。愛レ宝貪重心労身苦。如レ是至レ竟無レ所二恃怙一、独来独去無二一随者一。善悪禍福追レ命所レ生、或在二楽処一或入二苦毒一。然後乃悔当二復何及一。世間人民心愚少智。見レ善憎謗不レ思二慕及一、但欲レ為レ悪妄作二非法一。常懐二盗心一悕二望他利一消散靡尽而復求索。邪心不レ正懼二人有一レ色。不二予思計一事至乃悔。今世現有二王法牢獄一。随レ罪趣向受二其殃罰一。因下其前世不レ信二道徳一不レ修二善本一今復為上レ悪、天神剋識別二其名籍一。寿終神逝下二入悪道一。故有二自然三塗無量苦悩一。展二転其中一世世累レ劫無レ有二出期一難レ得二解脱一。痛不レ可レ言。是為二二大悪二痛二焼一。勤苦如レ是。譬如三大火焚二焼人身一。人能於レ中一心制レ意端レ身正レ行独作二諸善一不レ為二衆悪一者、身独度脱獲二其福徳度世上天泥洹之道一。是為二大善一也。

仏言はく、「その二つの悪とは、世間の人民・父子・兄弟・室家・夫婦、すべて義理無くして法度に順はず。奢婬・憍縦にして各おの意を快くせんと欲し、心に任せてみづからほしいままにかはるがはる欺惑す。心口各おの異にして言念実無し。佞諂不忠にして巧言諛媚なり。賢を嫉み善を謗りて怨枉に陥し入る。主上明らかならずして臣下を任用すれば臣下自在にして機偽多端なり。度を践みよく行ひてその形勢を知るも位に在りて正しからざればその欺くところと為り、みだりに忠良を損じて天心に当らず。臣はその君を欺き子はその父を欺きて、兄弟・夫婦・中外・知識かはるがはる欺誑す。各おの貪欲・瞋恚・愚癡を懐きて、みづから己を厚くせんと欲し多く有らんと欲貪す。尊卑も上下も心ともに同じく然なり。家を破り身を亡ぼし、前後を顧みず、親属内外これによりて滅ぶ。ある時は室家・知識・郷党・市里・愚民・野人、うたたともに事に従ひてかはるがはる利害し、忿りて怨結を成ず。富有なれども慳惜してあへて施与せず。宝を愛して貪ること重く心労れ身苦しむ。是くのごとくして竟りに至りて恃怙するところ無く、独り来り独り去り一りも随ふ者無からん。善悪・禍福命を追ひて生ずるところにして、あるいは楽処に在りあるいは苦毒に入る。然して後にすなはち悔ゆともまさにまた何ぞ及ぶべき。世間の人民心愚かにして少智なり。善を見ては憎み謗りて慕ひ及ぶことを思はず、ただ悪を為さんと欲してみだりに非法を作す。つねに盗心を懐きて他の利を悕望し消散し靡尽してしかもまた求索す。邪心にして正しからざれば人の色《し》ること有るを懼る。あらかじめ思ひ計らずして事に至りてすなはち悔ゆ。今世に現に王法の牢獄有り。罪に随ひて趣向してその殃罰を受く。その前世に道徳を信ぜず善本を修せずしていままた悪を為すによりて、天神剋識してその名籍を別つ。寿終れば神逝きて悪道に下り入る。ゆゑに自然に三塗の無量の苦悩有り。その中に展転して世々に劫を累ねて出づる期有ること無く解脱を得がたし。痛み言ふべからず。是を二つの大悪・二つの痛・二つの焼と為す。勤苦すること是くのごとし。譬へば大火の人身を焚焼するがごとし。人よく中において一心に意を制し身を端し行を正し、独り諸善を作して衆悪を為さざれば、身独り度脱してその福徳・度世・上天・泥洹の道を獲ん。是を二つの大善と為す」と。

## 【三十七】五善五悪　第三悪

仏言、其三悪者、世間人民相因寄生共居二天地之間一。処年寿命無レ能二幾何一。上有二賢明長者尊貴豪富一。下有二貧窮廝賤尫劣愚夫一。中有二不善之人一。常懐二邪悪一但念二婬妷一。煩満二胸中一愛欲交乱坐起不レ安。貪意守惜但欲㆓唐得㆒。眄㆓睞細色㆒邪態外逸自妻厭憎。私妄入出費㆓損家財㆒事為㆓非法㆒。交結聚会興ㇾ師相伐。攻劫殺戮強奪不道。悪心在ㇾ外不㆓自修ㇾ業。盗窃趣得欲繫成ㇾ事恐熱迫愶帰㆓給妻子㆒。恣ㇾ心快ㇾ意極ㇾ身作ㇾ楽。或於㆓親属㆒不ㇾ避㆓尊卑㆒、家室中外患而苦ㇾ之。亦復不ㇾ畏㆓王法禁令㆒。如ㇾ是之悪著㆓於人鬼㆒日月照見神明記識。故有㆓自然三塗無量苦悩㆒。展㆓転其中㆒世世累ㇾ劫無ㇾ有㆓出期㆒難ㇾ得㆓解脱㆒。痛不ㇾ可ㇾ言。是為㆓三大悪三痛三焼㆒。勤苦如ㇾ是。譬如㆔大火焚㆓焼人身㆒。人能於ㇾ中一心制ㇾ意端ㇾ身正ㇾ行独作㆓諸善㆒不ㇾ為㆓衆悪㆒者、身独度脱獲㆓其福徳度世上天泥洹之道㆒。是為㆓三大善㆒也。

仏言はく、「その三つの悪とは、世間の人民あひ因り寄生してともに天地の間に居す。処年寿命いくばくも能《た》へること無し。上に賢明・長者・尊貴・豪富有り。下に貧窮・廝賤・尫劣・愚夫有り。中に不善の人有り。つねに邪悪を懐きてただ婬妖を念ず。煩ひ胸の中に満ち愛欲交乱して坐起安からず。貪意守惜してただいたづらに得んことを欲す。細色を眄睞して邪態外にほしいままにし自妻をば厭ひ憎む。ひそかにみだりに入出し家財を費損して事非法を為す。交結聚会して師《いくさ》を興してあひ伐つ。攻め劫ひ殺戮して強奪すること不道なり。悪心外に在りてみづから業を修せず。盗窃して趣かに得れば欲繫して事を成じ恐熱迫愶して妻子に帰給す。心をほしいままにし意を快くし身を極めて楽を作す。あるいは親属において尊卑を避けず、家室・中外患ひてもつて

**これに苦しむ。また王法の禁令を畏れず。是くのごときの悪は人・鬼に著され日月も照見し神明も記識す。ゆゑに自然に三塗の無量の苦悩有り。その中に展転して世々に劫を累ねて出づる期有ること無く解脱を得がたし。痛み言ふべからず。是を三つの大悪・三つの痛・三つの焼と為す。勤苦すること是くのごとし。譬へば大火の人身を焚焼するがごとし。人よく中において一心に意を制し身を端し行を正し、独り諸善を作して衆悪を為さざれば、身独り度脱してその福徳・度世・上天・泥洹の道を獲ん。是を三つの大善と為す」と。**

## 【三十八】五善五悪　第四悪

仏言、其四悪者、世間人民不レ念レ修レ善転相教令共為二衆悪一。両舌悪口妄言綺語讒賊闘乱。憎二嫉善人一敗二壊賢明一於レ傍快喜。不レ孝二二親一軽二慢師長一朋友無レ信難レ得二誠実一。尊貴自大謂二己有レ道横行二威勢一侵二易於人一。不レ能二自知一為レ悪無レ恥。自以二強健一欲二人敬難一。不レ畏二天地神明日月一不二肯作レ善難レ可二降化一。自用偃蹇謂レ可二常爾一、無レ所二憂懼一常懐二憍慢一。如レ是衆悪天神記識。頼三其前世頗作二福徳一小善扶接営護助レ之、今世為レ悪福徳尽滅、諸善鬼神各共離レ之身独空立無レ所二復依一。寿命終尽諸悪所レ帰自然迫促共趣頓レ之。又其名籍記在二神明一。殃咎牽引当二往趣向一。罪報自然無二従捨離一。但得下前行入二於火鑊一身心摧砕精神痛苦上。当二斯之時一悔復何及。天道自然不レ得二蹉跌一。故有二自然三塗無量苦悩一。展二転其中一世世累レ劫無レ有二出期一難レ得二解脱一。痛不レ可レ言。是為二四大悪四痛四焼一。勤苦如レ是。譬如三大火焚二焼人身一。人能於レ中一心制レ意端レ身正レ行独作二諸善一不レ為二衆悪一者、身独度脱獲二其福徳度世上天泥洹之道一。是為二四大善一也。

仏言はく、「その四つの悪とは、世間の人民善を修することを念ぜずうたたあひ教令してともに衆悪を為す。両舌・悪口・妄言・綺語し讒賊闘乱す。善人を憎嫉し賢明を敗壊して傍らにおいて快喜す。二親に孝せず師長を軽慢し朋友に信無くして誠実を得がたし。尊貴自大にして己に道有りと謂ひ、横に威勢を行じて人を侵易す。みづから知ることあたはず悪を為して恥づること無し。みづから強健なるをもつて人の敬難することを欲す。天地・神明・日月を畏れずあへて善を作さず降化すべきことかたし。みづからもつて偃蹇してつねに爾るべしと謂ひ、憂懼するところ無くつねに憍慢を懐く。是くのごとき衆悪天神記識す。その前世にすこぶる福徳を作せるによりて小善扶接し営護してこれを助くるも、今世に悪を為して福徳ことごとく滅すれば、諸の善鬼神各おのともにこれを離れ、身独り空しく立ちてまた依るところ無し。寿命終り尽きて諸悪の帰するところ自然に迫促してともに趣きてこれに頓る。またその名籍記して神明に在り。殃咎牽引してまさに往きて趣向すべし。罪報自然にして従ひて捨離すること無し。ただ前み行きて火鑊に入り身心摧砕して精神痛苦することを得。この時に当りて悔ゆともまた何ぞ及ばん。天道自然にして蹉跌することを得ず。ゆゑに自然に三塗の無量の苦悩有り。その中に展転して世々に劫を累ねて出づる期有ること無く解脱を得がたし。痛み言ふべからず。是を四つの大悪・四つの痛・四つの焼と為す。勤苦すること是くのごとし。譬へば大火の人身を焚焼するがごとし。人よく中において一心に意を制し身を端し行を正し、独り諸善を作し衆悪を為さざれば、身独り度脱してその福徳・度世・上天・泥洹の道を獲ん。是を四つの大善と為す」と。

## 【三十九】五善五悪　第五悪

仏言、其五悪者、世間人民徙倚懈惰不㆓肯作㆑善治㆑身修㆑業家室眷属飢寒困苦。父母教誨瞋㆑目怒譍言令不㆑和違戻反逆譬如㆓怨家㆒。不㆑如㆑無㆑子。取与無㆑節衆共患厭。負㆑恩違㆑義無㆑有㆓報償之心㆒。貧窮困乏不㆑能㆓復得㆒、辜較縦奪放恣遊散。串㆓数唐得㆒用自賑給。耽㆑酒嗜㆑美飲食無㆑度。肆㆑心蕩逸魯扈牴突。不㆑識㆓人情㆒強欲㆓抑制㆒、見㆓人有㆑善憎嫉悪㆑之。無㆑義無㆑礼無㆑所㆓顧難㆒。自用職当不㆑可㆓諫暁㆒。六親眷属所資有無不㆑能㆓憂念㆒。不㆑惟㆓父母之恩㆒不㆑存㆓師友之義㆒。心常念㆑悪口常言㆑悪身常行㆑悪曾無㆓一

善一。不レ信二先聖諸仏経法一不レ信二行レ道可レ得二度世一不レ信二死後神明更生一不レ信二作レ善得レ善為レ悪得レ悪、欲下殺二真人一闘中乱衆僧上欲レ害二父母兄弟眷属一。六親憎悪願レ令二其死一。如レ是世人心意倶然。愚癡矇昧而自以二智慧一、不レ知下生所二従来一死所中趣向上。不レ仁不レ順悪二逆天地一而於二其中一悕二望僥倖一欲レ求二長生一会当レ帰レ死。慈心教誨令二其念レ善開二示生死善悪之趣自然有レ是而不二肯信レ之。苦心与語無レ益二其人一。心中閉塞意不二開解一。大命将レ終悔懼交至。不二予修レ善臨レ窮方悔。悔二之於後一将何及乎。天地之間五道分明。恢廓窈窕浩浩茫茫。善悪報応禍福相承身自当レ之。無二誰代者一。数之自然。応二其所行一殃咎追レ命無レ得二縦捨一。善人行レ善従レ楽入レ楽従レ明入レ明。悪人行レ悪従レ苦入レ苦従レ冥入レ冥。誰能知者。独仏知耳。教語開示信用者少。生死不レ休悪道不レ絶。如レ是世人難レ可二具尽一。故有二自然三塗無量苦悩一。展二転其中一世世累レ劫無レ有二出期一難レ得二解脱一。痛不レ可レ言。是為二五大悪五痛五焼一。勤苦如レ是。譬如三大火焚二焼人身一。人能於レ中一心制レ意端レ身正レ念言行相副所レ作至レ誠所レ語如レ語、心口不レ転独作二諸善一不レ為二衆悪一者、身独度脱獲二其福徳度世上天泥洹之道一。是為二五大善一也。

**仏言はく、「その五つの悪とは、世間の人民徙倚懈惰にして、あへて善を作し身を治め業を修せず家室・眷属飢寒困苦す。父母教誨すれども目を瞋らし怒りて譍《こた》へ、言令に和せずして違戻し反逆すること、譬へば怨家のごとし。子無きにしかず。取与に節なくして、衆ともに患ひ厭ふ。**

恩に負き義に違して報償の心有ること無し。貧窮困乏してまた得ることあたはざれば、辜較縦奪してほしいままに遊散す。しばしばいたづらに得るに串《なら》ひてもつてみづから賑給す。酒に耽り美《うま》きを嗜みて飲食度無し。心をほしいままにし蕩逸して魯扈牴突す。人の情を識らずしひて抑制せんと欲し、人の善有るを見ては憎嫉してこれを悪《にく》む。義無く礼無くして顧み難《はばか》るところ無し。みづからもつて職当して諌暁すべからず。六親・眷属の所資の有無憂念することあたはず。父母の恩を惟はず師友の義を存せず。心につねに悪を念ひ口につねに悪を言ひ身につねに悪を行じてかつて一善も無し。先聖・諸仏の経法を信ぜず、道を行じて度世を得べきことを信ぜず、死して後に神明のさらに生ずることを信ぜず、善を作せば善を得悪を為せば悪を得ることを信ぜずして、真人を殺し衆僧を闘乱せんと欲し父母・兄弟・眷属を害せんと欲す。六親憎悪して其をして死せしめんと願ず。是くのごとき世の人心意ともに然なり。愚癡矇昧にしてみづから智慧ありと以《おも》ひて、生の従来するところ死の趣向するところを知らず。仁ならず順ならず天地に悪逆して、その中において僥倖を悕望し長生を求めんと欲すれどもかならずまさに死に帰すべし。慈心をもつて教誨して、其をして善を念ぜしめ生死・善悪の趣自然に是有ることを開示すれどもあへてこれを信ぜず。ねんごろにともに語れどもその人を益すること無し。心中閉塞して意開解せず。大命まさに終らんとするに悔懼こもごも至る。あらかじめ善を修せずして窮まるに臨みてまさに悔ゆ。

これを後に悔ゆともまさに何ぞ及ばんや。天地の間に五道分明なり。恢廓窈窕として浩々茫々たり。善悪報応し禍福あひ承けて身みづからこれに当る。誰も代る者無し。数の自然なり。その所行に応じて殃咎命を追ひて縦捨を得ること無し。善人は善を行じて楽より楽に入り明より明に入る。悪人は悪を行じて苦より苦に入り冥より冥に入る。誰かよく知る者あらんや。独り仏の知りたまふのみ。教語し開示すれども信用する者は少なし。生死休まず悪道絶えず。是くのごとき世の人つぶさに尽すべきことかたし。ゆゑに自然に三塗の無量の苦悩有り。その中に展転して世々に劫を累ね出づる期有ること無く解脱を得がたし。痛み言ふべからず。是を五つの大悪・五つの痛・五つの焼と為す。勤苦すること是くのごとし。譬へば大火の人身を焚焼するがごとし。人よく中において一心に意を制し身を端し念を正し、言行あひ副《かな》ひ作すところ誠を至し語るところ語のごとくし、心口転ぜずして独り諸善を作して衆悪を為さざれば、身独り度脱してその福徳・度世・上天・泥洹の道を獲ん。是を五つの大善と為す」と。

## 【四十】釈迦指勧　五善五悪

仏告㆓弥勒㆒、吾語㆓汝等是世五悪㆒。勤苦若㆑此。五痛五焼展転相生。但作㆓衆悪㆒不㆑修㆓善本㆒皆悉自然入㆓

諸悪趣㆒。或其今世先被㆓殃病㆒求㆑死不㆑得求㆑生不㆑得。罪悪所㆑招示㆑衆見㆑之。身死随㆑行入㆓三悪道㆒苦毒無量自相燋然。至㆓其久後㆒共作㆓怨結㆒従㆓小微㆒起遂成㆓大悪㆒。皆由㆘貪㆓著財色㆒不㆖㆑能㆓施恵㆒。癡欲所㆑迫随㆑心思想煩悩結縛無㆑有㆓解已㆒。厚㆑己諍㆑利無㆑所㆓省録㆒。富貴栄華当㆑時快㆑意不㆑能㆓忍辱㆒不㆓務修㆑善威勢無㆑幾随以磨滅。身坐㆓労苦㆒久後大劇。天道施張自然糾挙綱紀羅網上下相応。煢煢忪忪当㆑入㆓其中㆒。古今有㆑是。痛哉可㆑傷。仏語㆓弥勒㆒、世間如㆑是。仏皆哀㆑之以㆓威神力㆒摧㆓滅衆悪㆒悉令㆑就㆑善。棄㆓捐所思㆒奉㆓持経戒㆒受㆓行道法㆒無㆑所㆓違失㆒終得㆓度世泥洹之道㆒。仏言、汝今諸天人民及後世人得㆓仏経語㆒当㆘熟思㆑之能於㆓其中㆒端㆑心正㆖㆑行。主上為㆑善率㆓化其下㆒転相勅令、各自端守尊㆑聖敬㆑善仁慈博愛仏語教誨無㆓敢虧負㆒。当㆘求㆓度世㆒抜㆗断生死衆悪之本㆖。当㆑離㆓三塗無量憂畏苦痛之道㆒。汝等於㆑是広植㆓徳本㆒布㆑恩施㆑恵勿㆑犯㆓道禁㆒。忍辱精進一心智慧転相教化為㆑徳立㆑善。正㆑心正㆑意斎戒清浄一日一夜、勝㆘在㆓無量寿国㆒為㆑善百歳㆖。所以者何。彼仏国土無為自然皆積㆓衆善㆒無㆓毛髪之悪㆒。於㆑此修㆑善十日十夜勝㆘於㆓他方諸仏国土㆒為㆑善千歳㆖。所以者何。他方仏国為㆑善者多為㆑悪者少。福徳自然無㆓造悪之地㆒。唯此間多㆑悪無㆑有㆓自然㆒。勤苦求㆑欲転相欺紿心労形困飲㆑苦食㆑毒。如㆑是怱務未㆓嘗寧息㆒。吾哀㆓汝等天人之類㆒苦心誨喩教令㆑修㆑善。随㆑器開導授㆓与経法㆒莫㆑不㆓承用㆒。在㆓意所願㆒皆令㆑得㆑道。仏所㆓遊履㆒国邑丘聚靡㆑不㆑蒙㆑化。天下和順日月清明。風雨以㆑時災厲不㆑起。国豊民安兵戈無㆑用。崇㆑徳興㆑仁務修㆓礼譲㆒。仏言、我哀㆓愍汝等諸天人民㆒甚㆓於父母念㆒㆑子。今我於㆓此世間㆒作㆑仏、降㆓化五悪㆒

消二除五痛一絶二滅五焼一以レ善攻レ悪抜二生死之苦一、令下獲二五徳一昇中無為之安上。吾去レ世後経道漸滅人民諂偽、復為二衆悪一五痛五焼還如二前法一久後転劇。不レ可二悉説一。我但為レ汝略言レ之耳。仏語二弥勒一、汝等各善思レ之転相教誡如二仏経法一無レ得レ犯也。於レ是弥勒菩薩合掌白言、仏所説甚苦。世人実爾。如来普慈哀愍悉令二度脱一。受二仏重誨一不二敢違失一。

仏、弥勒に告げたまはく、「吾汝らにこの世の五悪を語れり。勤苦することかくのごとし。五痛・五焼展転してあひ生ず。ただ衆悪を作して善本を修せざれば皆ことごとく自然に諸の悪趣に入る。あるいは其今世にまづ殃病を被りて死を求むるに得ず生を求むるに得ず。罪悪の招くところ衆に示してこれを見しむ。身死して行に随ひて三悪道に入り、苦毒無量にしてみづからあひ燋然す。その久しくして後に至りてともに怨結を作し小微より起りてつひに大悪を成ず。皆財色に貪著して施恵することあたはざるに由りてなり。癡欲に迫められて心に随ひて思想し煩悩結縛して解け已むこと有ること無し。己を厚くし利を諍ひて省録するところ無し。富貴・栄華時に当りて意を快くすれども忍辱することあたはずつとめて善を修せざれば、威勢いくばくも無くして随ひてもつて磨滅す。身労苦に坐まりて久しくして後に大きに劇し。天道施張して自然に糾挙し、綱紀の羅網上下相応す。煢々忪々としてまさにその中に入るべし。古今に是有り。痛ましきかな傷むべし」と。仏、弥勒に語りたまはく、「世間是くのごとし。仏皆これを哀れみたまひて、威神力をもつて衆悪を摧滅してことごとく善に就かしめたまふ。所思を棄捐し経戒を奉持し道法を受行して違失するところ無くは、つひに度世・泥洹の道を得ん」と。仏言はく、「汝今の諸天・人民および後世の人、仏の経語を得てまさにつらつらこれを思ひてよくその中において心を端し行を正すべし。主上は善を作しその下を率化してうたたあひ勅令し、各おのみづから端しく守り聖を尊び善を敬ひ、仁慈博愛にして仏語の教誨あへて虧負すること無かれ。まさに度世を求めて生死衆悪の本を抜断すべし。まさに三塗の無量の憂畏苦痛の道を離るべし。汝らここにおいて広く徳本を植ゑ恩を布き恵を施して道禁を犯すことなかれ。忍辱・精進・一心・智慧をもつてうたたあひ教化し徳を為し善を立てよ。心を正し意を正して斎戒清浄なること一日一夜すれば、無量寿国に在りて善を為すこと百歳するよりも勝れたり。ゆゑは何ん。かの仏国土は無為自然にして皆衆善を積み毛髪の悪も無ければなり。ここにおいて善を修すること十日十夜すれば、他方の諸仏の国土において善を為すこと千歳するよりも勝れたり。ゆゑは何ん。他方の仏国は善を為す者は多く悪を為す者は少なし。福徳自然にして造悪の地無ければなり。ただこの間のみ悪多くして自然なること有ること無し。勤苦して欲を求めうたたあひ欺紿し心労れ形困しみ苦を飲み毒を食らふ。是くのごとく悤務していまだかつて寧息せず。吾汝ら天・人の類を哀れみてねんごろに誨喩し教へて善を修せしむ。器に随ひて開導し経法を授与するに承用せざるはなし。意の所願に在りて皆道を得しむ。仏の遊履したまふところの国邑・丘聚化を蒙らざるはなし。天下和順にして日月清明なり。風雨時をもつてし災厲起らず。国豊かに民安らかにして兵戈用ゐること無し。徳を崇め仁を興しつとめて礼譲を修す」と。仏言はく、「我汝ら諸天・人民を哀愍すること父母の子を念ふよりもはなはだし。今我この世間において仏と作り、五悪を降化し五痛を消除し五焼を絶滅して、善をもつて悪を攻め生死の苦を抜きて五徳を獲無為の安きに昇らしむ。吾世を去りて後、経道やうやく滅し人民諂偽にしてまた衆悪を為し、五痛・五焼還りて前の法のごとく久しくして後にうたた劇しからん。ことごとく説くべからず。我ただ汝がために略してこれを言ふのみ」と。仏、弥勒に語りたまはく、「汝ら各おのよくこれを思ひうたたあひ教誡し仏の経法のごとくして犯することを得ること無かれ」と。ここにおいて弥勒菩薩合掌して白して言さく、「仏の所説はなはだねんごろなり。世人まことに爾なり。如来あまねく慈しみて哀愍しことごとく度脱せしめたまふ。仏の重誨を受けてあへて違失せじ」と。

# 【四十二】釈迦指勧　霊山現土

仏告二阿難一、汝起更整二衣服一合掌恭敬礼二無量寿仏一。十方国土諸仏如来常共称二揚讃三歎彼仏無著無礙一。於レ是阿難起整二衣服一正レ身西レ面恭敬合掌、五体投レ地礼二無量寿仏一白言、世尊、願見二彼仏安楽国土及諸菩薩声聞大衆一。説二是語一已、即時無量寿仏放二大光明一普照二一切諸仏世界一。金剛囲山須弥山王大小諸山一切所有皆同一色。譬如下劫水弥二満世界一、其中万物沈没不レ現、滉瀁浩汗唯見中大水上。彼仏光明亦復如レ是。声聞菩薩一切光明皆悉隠蔽唯見二仏光明曜顕赫一。爾時阿難即見二無量寿仏一、威徳巍巍如三須弥山王高出二一切諸世界上一。相好光明靡レ不二照曜一。此会四衆一時悉見、彼見二此土一亦復如レ是。

仏、阿難に告げたまはく、「汝起ちてさらに衣服を整へ合掌し恭敬して無量寿仏を礼したてまつれ。十方国土の諸仏如来はつねにともにかの仏の無著・無礙なるを称揚し讃歎したまへばなり」と。ここにおいて阿難起ちて衣服を整へ、身を正し面を西にし恭敬し合掌して、五体を地に投げて無量寿仏を礼したてまつりて白して言さく、「世尊、願はくはかの仏、安楽国土および諸の菩薩・声聞の大衆を見たてまつらん」と。この語を説きをはるに、即時に無量寿仏は大光明を放ちてあまねく一切諸仏の世界を照らしたまふ。金剛囲山・須弥山王・大小の諸山、一切のあらゆるもの皆同じく一色なり。譬へば劫水の世界に弥満《みまん》するに、その中の万物沈没して現ぜず、滉瀁浩汗としてただ大水のみを見るがごとし。かの仏の光明もまた是くのごとし。声聞・菩薩の一切の光明皆ことごとく隠蔽してただ仏の光の明曜顕赫なるを見る。その時阿難すなはち無量寿仏を見たてまつるに、威徳巍々として須弥山王の高くして一切の諸の世界の上に出づるがごとし。相好の光明照曜せざるはなし。この会の四衆一時にことごとく見たてまつり、かしこのこの土を見ることもまた是くのごとし。

**【語　句】**

**劫水**……世界の終末である水災劫の時の大水をいう。

**滉瀁浩汗**……水が満ちて広がっている様子をいう。

**四衆**……教団を構成する四種の仏教徒、すなわち①比丘、②比丘尼、③優婆塞、④優婆夷をいう。

**【解　説】**

いわゆる三毒・五悪段がおわって、別の新たな科段に入る。ここからまた対告が阿難になり、阿弥陀仏の智慧が示されるということで、下巻はじめからこれまで説かれてきた、弥陀果上の大悲があらゆる衆生を化益し給う部分「悲化段」にかわって、「智慧段」などとも称されている。

まずは、釈尊の勧めにしたがって、阿難が西方浄土に向かい無量寿仏に対して五体投地の礼をなしつつ、「かの仏、安楽国土および諸の菩薩・声聞の大衆を見たてまつらん」と願いを述べたところ、これに応じて、阿弥陀仏が浄土より大光明を放ちたまう。すると、諸仏の世界も釈尊のましますこの娑婆世界も、ことごとく阿弥陀仏の光明一色の世界になるのである。そして、ただ阿弥陀仏のおすがたのみ須弥山王のごとく高くたかくそびえ立ち、「威徳巍々」たる有様で拝することができるというのである。

『観経』の華座観においても、阿弥陀仏は観世音・大勢至の二菩薩を従えておすがたを示すが、それは、西方より東方の娑婆世界に来現なされた化身であり、今は、西方浄土にましますます真報身であるという。しかし、相好の一々は一切示されておらず、決して比較することがかなわない光明の一色で語られている。一切諸仏のおよび得ない光明ということで、阿弥陀仏の諸仏に超え勝れた独一の地位が意味されているのである。

そしてまた、光明とは、いうまでもなく『一念多念証文』や『唯信鈔文意』等に示されているように(註釈版六九一頁、七一〇頁)、智慧のかたちを表すことに他ならないものである。とすれば、諸仏の本源としての最勝の智慧というあり方で阿弥陀仏が示されていることになろう。そのことに、とくに大きな意義を認めなければならない。さらに、この智慧について、経典は「彼仏無著無礙」というから、この無著と無礙についても多少の解説を加えておく必要がある。仏智を無著と無礙の二種で語ることは、深励師の『講義』にも示されているように（七六六・七頁）、如理智と如量智、すなわち、根本智と後得智を意味していて、一切の真実の根本清浄を知る智と一切諸法の無量無辺なる差別的なあり方を知り尽くしている智のことである。いうなれば、如理智の無著智は自利円満のこと、如量智の無礙智は利他円満を示している。

　諸仏の智慧は、このように自利利他円満の徳を持つのであるが、こうした最高最上の仏智の淵源が、阿弥陀仏、就中、阿弥陀仏の持つこの最勝の智慧にあるということを語るのがこの「智慧段」ということであろう。一切諸仏世界のあらゆるものが皆この阿弥陀仏の光明一色、という表現を改めてかみしめなければならない。

## 【四十二】釈迦指勧　胎化得失

爾時仏告㆓阿難及慈氏菩薩㆒、汝見㆓彼国㆒従㆑地已上至㆓浄居天㆒其中所有微妙厳浄自然之物為㆓悉見㆒不。

阿難対曰、唯然、已見。汝寧復聞下無量寿仏大音宣二布一切世界一化中衆生上不。阿難対曰、唯然、已聞。彼国人民乗二百千由旬七宝宮殿一、無レ有二障礙一偏至二十方一供二養諸仏一。汝復見不。対曰、已見。彼国人民有二胎生者一。汝復見不。対曰、已見。其胎生者所レ処宮殿或百由旬或五百由旬。各於二其中一受二諸快楽一如二忉利天上一亦皆自然。

その時仏、阿難および慈氏菩薩に告げたまはく、「汝、かの国を見るに地より已上浄居天に至るまで、その中のあらゆる微妙厳浄なる自然のもの、ことごとく見たりと為すやいなや」と。阿難対へて曰さく、「唯然なり、すでに見たり」と。「汝、ねんごろにまた無量寿仏の大音の一切世界に宣布して衆生を化したまふを聞けりやいなや」と。阿難対へて曰さく、「唯然なり、すでに聞けりと」と。「かの国の人民百千由旬の七宝の宮殿に乗じて、障礙有ること無くあまねく十方に至りて諸仏を供養したてまつる。汝、また見たりやいなや」と。対へて曰さく、「すでに見たり」と。「かの国の人民に胎生の者有り。汝、また見たりやいなや」と。対へて曰さく、「すでに見たり」と。「その胎生の者の処するところの宮殿は、あるいは百由旬あるいは五百由旬なり。各おのその中において諸の快楽を受くること忉利天上のごとくにしてまた皆自然なり」と。

【解　説】

ここは前段の末にある「この会の四衆一時にことごとく見たてまつり、かしこのこの土を見ることもまた是くのごとし」という表現を受けて、釈尊が阿難に対して四種の問いをなされる。浄土の国土の荘厳を見たてまつったか、阿弥陀仏の説法教化の音声をお聞きしたかと釈尊が問い、阿難がともに見たてまつり聞きたてまつりましたと答えている。次に釈尊は、浄土の菩薩の荘厳を見たかどうかを問い、これにも阿難の肯定の答えを聞いた後に、浄土に「胎生の者」の有ることが説き出されるのである。やはり胎生者を見たという阿難の答えを得て、その説明を始められるのである。

こうして「胎化得失」の段に入ってゆくのであるが、今はその名目が示され、その胎生者は、あるいは百由旬あるいは五百由旬もある宮殿の中に住することと、彼らが忉利天上に有るかのごとく諸の快楽を受けること（ここは、三毒段末にあった辺地の七宝宮殿への往生と、そこでの「受諸厄」五百歳という表現との相違・乖離を思って見るべし）が示されるだけで、いまだその具体的な内容には説き及んでいない。

この段で言及される国土荘厳、仏荘厳、あるいは菩薩荘厳等の詳しい内容は、『浄土論』や『往生論註』や本『正依大経』の二十二願成就の相などで確かめられたいが、ここでは、「かの国の人民百千由旬の七宝の宮殿に乗じて、障礙有ること無くあまねく十方に至りて諸仏を供養したてまつる」と述べられていて、自在なる諸仏供養が可能になるあり方が示されていることは、大変に興味深いものがある。

なお、この段の最後の「其胎生者所処宮殿」から後の第四十五段末の「其有菩薩生疑惑者為失大利」までを、途中を一部省略しながらではあるが、宗祖聖人は、第二十願の成就の文として、『三経往生文類』に引用されている（註釈版六三六・七頁）。よって、ここに展開されている「胎化得失」の文が、第二十至心回向の願の成就文である。

## 【四十三】 釈迦指勧　胎化得失

爾時慈氏菩薩白レ仏言、世尊何因何縁彼国人民胎生化生。仏告二慈氏一、若有二衆生一以二疑惑心一修二諸功徳一願レ生二彼国一。不レ了二仏智不思議智不可称智大乗広智無等無倫最上勝智一、於二此諸智一疑惑不レ信。然猶信二罪福一修二習善本一願レ生二其国一。此諸衆生生二彼宮殿一寿五百歳、常不レ見レ仏不レ聞二経法一不レ見二菩薩声聞聖衆一。是故於二彼国土一謂二之胎生一。若有二衆生一明信二仏智乃至勝智一作二諸功徳一信心回向、此諸衆生於二七宝華中一自然化生跏趺而坐、須臾之頃身相光明智慧功徳如二諸菩薩一具足成就。

その時慈氏菩薩、仏に白して言さく、「世尊、何の因何の縁ありてかかの国の人民胎生・化生なる」と。仏、慈氏に告げたまはく、「もし衆生有りて疑惑の心をもつて諸の功徳を修してかの国に生ぜんと願ぜん。仏智・不思議智・不可称智・大乗広智・無等無倫最上勝智を了らずして、この諸智において疑惑して信ぜず。然るになほ罪福を信じ善本を修習してその国に生ぜんと願ず。この諸の衆生かの宮殿に生じて寿五百歳、つねに仏を見たてまつらず経法を聞かず菩薩・声聞の聖衆を見ず。このゆゑにかの国土においてこれを胎生と謂ふ。もし衆生有りて明らかに仏智乃至勝智を信じ、諸の功徳を作して信心回向すれば、この諸の衆生七宝の華の中より自然に化生し跏趺して坐し、須臾の頃に身相・光明・智慧・功徳諸の菩薩のごとく具足し成就す。

【語　句】

**仏智・不思議智等**……阿弥陀仏のもつ五種の智慧で、最初の「仏智」が総名で、他の四つは別名である。意味は註釈版巻末註（一五〇四頁）や『浄土真宗辞典』の「五智」の項（二一三頁）等を見られたいが、字句をみれば、それほど解釈に困るものでもなかろう。

**須臾の頃**……ほんの短い時間をさす言葉。この須臾の語を梵語 muhūrta の訳に当てる時は、一昼夜の三十分の一の時間で、今の四十八分ほどに相当する。

**【解　説】**

前の、人民の障礙なく諸仏を供養できるものと、胎生の者の存在をいう教説を受けて、阿難とともに対告に名を連ねていた慈氏、すなわち弥勒菩薩が釈尊に質問する。浄土にはなにゆえ「胎生」と「化生」とが有るのかと。この質問によって、胎生者のすがたが明らかにされてくる。

胎生とは、経文に

疑惑の心をもって諸の功徳を修してかの国に生ぜんと願ぜん。仏智・不思議智・不可称智・大乗広智・無等無倫最上勝智を了らずして、この諸智において疑惑して信ぜず。然るになほ罪福を信じ善本を修習してその国に生ぜんと願ず。

とあるとおり、弥陀の五智のはたらきを信じず、疑惑の心をもって諸の功徳を修して浄土往生を願う者であることが示されている。すなわち、第十八願の救いを疑惑し、第十九・二十の方便の願によって浄土往生を求める者をいうのであろう。

『教行信証』の「化身土文類」には、標挙に第十九願と第二十願とがあげられているし（註釈版三七四頁）、要門釈には、第十九願文もこのところの経本文も引かれ（註釈版三七六頁、三七七～八頁）、真門釈には、第二十願文と経文の「この諸智において疑惑して信ぜず。然るになほ罪福を信じ善本を修習してその国に生ぜんと願ず云々」との引用がなされている（註釈版四〇〇頁）。したがって、仏智を疑惑しての「修諸功徳」あるいは「自力念仏」の行者の往生を、宗祖は胎生者と考えられているに相違ない。そして、この化身土を「疑城胎宮」と呼ばれているが、その意味をここに解説する必要はないであろう。

この胎生の者は、「この諸の衆生かの宮殿に生じて寿五百歳、つねに仏を見たてまつらず経法を聞かず菩薩・声聞の聖衆を見ず」という状態にあると説明されている。右の「疑城胎宮」の語の由来が知られるところである。とくに、仏に見《まみ》えられず教法を聞くことができない期間が「寿五百歳」とあるのを、注視すべきであろう。娑婆世界の年月なのか浄土での年月なのかという議論が出ることと思われるが、『大阿弥陀経』には、「在城中於是間五百歳」とある（聖典全書一・一六七頁）から、一応、この娑婆世界の年数で五百年間ということである。

これに対して、仏智を信じて、七宝の華のなかより自然に化生して、「身相・光明・智慧・功徳諸の菩薩のごとく具足し成就す」るものが「化生」であると述べられている。

要するに、仏智を疑惑して往生する者のあり方が「胎生」で、浄土の中にあっても、五百歳の間七宝の城から出ることができず、仏のおすがたを見ることも教法を受けることもできない、不完全な浄土往生者を意味しているのである。

## 【四十四】釈迦指勧　胎化得失

復次慈氏、他方仏国諸大菩薩発心欲下見二無量寿仏一、恭敬供養及中諸菩薩声聞之衆上。彼菩薩等命終得レ生二無量寿国一、於二七宝華中一自然化生。弥勒当レ知、彼化生者智慧勝故。其胎生者皆無二智慧一。於二五百歳中一常不レ見レ仏不レ聞二経法一、不レ見二菩薩諸声聞衆一無レ由三供二養於仏一。不レ知二菩薩法式一不レ得三修二習功徳一。当レ知、此人宿世之時無レ有二智慧一疑惑所レ致。

また次に慈氏、他方仏国の諸の大菩薩発心して無量寿仏を見たてまつり、恭敬し供養して諸の菩薩・声聞の衆に及ぼさんと欲せん。かの菩薩等命終して無量寿国に生ずることを得て、七宝の華の中より自然に化生す。弥勒まさに知るべし、かの化生の者は智慧勝れたるがゆゑなり。その胎生の者は皆智慧無し。五百歳の中においてつねに仏を見たてまつらず経法を聞かず、菩薩・諸の声聞の衆を見ず仏を供養するに由無し。菩薩の法式を知らず功徳を修習することを得ず。まさに知るべし、この人は宿世の時に智慧有ること無くして疑惑せるの致すところなり」と。

【解　説】

前段末に、化生のすがたを述べたから、化生者の具体的な例として、他方仏国の菩薩たちが浄土に化生する有様から説きだされている。「発心して無量寿仏を見たてまつり、恭敬し供養して諸の菩薩・声聞の衆に及ぼさんと欲」した菩薩が命終すると、七宝の華の中より自然に化生する、のであること。

しかし、胎生の者は「皆智慧無し。五百歳の中においてつねに仏を見たてまつらず経法を聞かず、菩薩・諸の声聞の衆を見ず仏を供養するに由無し。菩薩の法式を知らず功徳を修習することを得ず」とあるとおり、そのすがたが、少しばかり詳しく示されているし、そういう往生であった理由として、「宿世の時に智慧有ること無くして疑惑せるの致すところ」と明確に語られている。

これまでで、化生と胎生との概略の説明をなし終えたから、ここから、改めて胎生・化生の得失という観点で説き示すところである。いわゆる「信疑得失」の段が始まる。化生する菩薩には「智慧勝れたるがゆゑ」とあり、胎生には「智慧有ること無くして疑惑せるの致すところ」とあるように、これは、往生後のことではなくして、因に約して、現生での信と疑による得失が、この往生後の胎化の得失になってくるということである。

『正像末和讃』に、

仏智不思議を信ずれば　　正定聚にこそ住しけれ
化生のひとは智慧すぐれ　　無上覚をぞさとりける（註釈版六〇八頁）

とあり、また、

仏智を疑惑するゆゑに　　胎生のものは智慧もなし
胎宮にかならずうまるるを　牢獄にいるとたとへたり（註釈版六一二頁）

と詠われている「化生のひとは智慧すぐれ」も「胎生のものは智慧もなし」も、したがって、これが現生の私たちの状態をいうものであると理解しなければならない。言うまでもなく、「信心の智慧」があるかないか、これが化土の胎生となるか真実報土の化生となるかの分かれ目であるということである。

先に、第四十一段以後を「智慧段」と称することを述べておいた。善導大師の「顕開智慧門」という判釈による命名であるが、ここまで経文を読んでくれば、その智慧門あるいは智慧段というときの、智慧の意味がよく理解できるであろう。文に「不了仏智」とあり、また「明信仏智」とあり、またここに信心の智慧と出しておいた。この信心の智慧について、件の深励師は、

其衆生が仏の智慧門に開入した相は如何と云ふに、愚鈍下智の凡夫なれども、一念発起する端的に仏智を信ずるなり。此智慧と云ふは即ち上の経文の明信仏智のことなり。明は智慧明で明了の

義、仏智不思議に疑ひ晴れて、決定明了に信ずることなり。智慧がなければ信ぜられぬ筈なり。
（前掲『浄土三部経講義1』八〇三頁）

と解説されている。この説明の部分をよく読んで、宗祖聖人の先の和讃や「誡疑讃」等を丁寧に味わわれることを求めたい。

## 【四十五】釈迦指勧　胎化得失

仏告二弥勒一、譬如三転輪聖王別有二七宝宮室一。種種荘厳張二設床帳一懸二諸繒旛一。若有二諸小王子一得二罪於王一輒内二彼宮中一繋以二金鎖一。供二給飲食衣服床褥華香妓楽一如二転輪王一無レ所二乏少一。於レ意云何。此諸王子寧楽二彼処一不。対曰、不也。但種種方便求二諸大力一欲二自免出一。仏告二弥勒一、此諸衆生亦復如レ是。以三疑二惑仏智一故生二彼宮殿一。無レ有二刑罰乃至一念悪事一但於二五百歳中一不レ見二三宝一不レ得三供養修二諸善本一。以レ此為レ苦。雖レ有二余楽一猶不レ楽二彼処一。若此衆生識二其本罪一深自悔責求レ離二彼処一、即得下如レ意往二詣無量寿仏所一恭敬供養上、亦得下偏至二無量無数諸余仏所一修中諸功徳上。弥勒当レ知、其有二菩薩一生二疑惑一者為レ失二大利一。是故応三当明信二諸仏無上智慧一。

仏、弥勒に告げたまはく、「譬へば転輪聖王に別に七宝の宮室有るがごとし。種々に荘厳し床帳を張設し諸の繒旛を懸く。もし諸の小王子有りて罪を王に得れば、すなはちかの宮中に内《い》れて繫ぐに金鎖をもつてす。飲食・衣服・床褥・華香・妓楽を供給せんこと、転輪王のごとくして乏少するところ無からん。意において云何。この諸の王子むしろかの処を楽ふやいなや」と。対へて曰さく、「いななり。ただ種々に方便し諸の大力を求めてみづから免れ出でんと欲す」と。仏、弥勒に告げたまはく、「この諸の衆生もまた是くのごとし。仏智を疑惑せるをもつてのゆゑにかの宮殿に生ず。刑罰乃至一念の悪事も有ること無けれども、ただ五百歳の中において三宝を見たてまつらず供養したてまつりて諸の善本を修することを得ず。これをもつて苦と為す。余の楽有りといへどもなほかの処を楽はず。もしこの衆生その本の罪を識り深くみづから悔責してかの処を離るることを求むれば、すなはち意のごとく無量寿仏の所に往詣して恭敬し供養したてまつることを得、またあまねく無量無数の諸余の仏の所に至りて諸の功徳を修することを得。弥勒まさに知るべし、其菩薩有りて疑惑を生ずる者は大利を失すと為す。このゆゑにまさに明らかに諸仏の無上の智慧を信ずべし」と。

【解　説】

胎生という往生を、譬えでもって説明するところである。転輪聖王の子供たちが罪を犯した場合、七宝の宮室に入れられる。食べ物や衣服など、生活に必要な物は何も欠けることはなく、部屋の調度も何の不自由もない。しかしながら、金の鎖につながれて、自由は得られないという状態に置かれる、というたとえである。七宝の宮室・宮殿ということが、何の物質的な不足もなく時を過ごすことを示している。

けれども、金鎖につながれた王子たちは、この状態を喜んで受けたりはしない。何とかしてこの状態を脱しようとして、威力あるものの助けを得て自由になることを願うものである、と語られている。胎生とは、このような、金鎖につながれて七宝の宮室に入れられるようなものだという。これまでの教説をくり返しているような記述ではあるが、「仏智を疑惑せるをもつてのゆゑにかの宮殿に生ず。刑罰乃至一念の悪事も有ること無けれども、ただ五百歳の中において三宝を見たてまつらず供養したてまつりて諸の善本を修することを得ず」と述べられている。この往生が勧奨されている訳ではないこと、もちろんのことである。

この胎生は、「刑罰乃至一念の悪事も有ること無」くして、浄土の七宝の宮殿中にあるのであれば、それなりに好き境遇と受け取ってもよいかというなれば、王子たちがこの状態から何とかして脱したいと願うように、「余の楽有りといへどもなほかの処を楽はず」と考えるべきであって、「その本の罪を識り深くみづから悔責してかの処を離るることを求む」ようにせよ、と教えている。

釈迦如来は、結局、慈氏（弥勒）に告げたまう。「其菩薩有りて疑惑を生ずる者は大利を失すと為す」と。ここの「胎化得失」の段の結論ともいうべき言明である。仏智を疑惑するものは、「為失大利」として、非常な不利益を被るというのである。この「為失大利」を、「不見聞三宝」の失と考える見方もあるにはあるが、宗祖聖人が『一念多念証文』に、

「為得大利」といふは、無上涅槃をさとるゆゑに、「則是具足無上功徳」とものたまへるなり。

云々と述べられて（註釈版六八五頁）、無上涅槃と無上功徳とを広大の利益としておられるからには、この反対の意味で、無上涅槃の大果・大利を失うことこそが、「為失大利」の意味している内容であるに相違ない。すなわち、「疑惑仏智」「不了仏智」では、浄土には化土往生しかできないし、そういう胎生者は、無上涅槃の大利は得られないというのである。

このように釈尊は「明信智慧」、すなわち信心を勧め教えているのである。

このところの経文は「応当明信諸仏無上智慧」とある。この諸仏無上智慧とは、一切諸仏の智慧をあつめたまえる弥陀の御智慧という意味で解釈できよう。この『正依大経』においては、「弥陀を離れて諸仏なく、諸仏を離れて弥陀なし。『大阿弥陀経』に『諸仏阿弥陀』とあるのは弥陀にほかならず、諸仏とあっても弥陀をさす」と、こう受け取るのが真宗義である。あるいはまた、註釈版七九頁

の脚註をも参照されたい。

## 【四十六】釈迦指勧　十方来生

弥勒菩薩白仏言、世尊於此世界有幾所不退菩薩生彼仏国。仏告弥勒、於此世界有六十七億不退菩薩往生彼国。一一菩薩已曾供養無数諸仏。次如弥勒者也。諸小行菩薩及修習少功徳者不可称計。皆当往生。仏告弥勒、不但我刹諸菩薩等往生彼国。他方仏土亦復如是。其第一仏名曰遠照。彼有百八十億菩薩皆当往生。其第二仏名曰宝蔵。彼有九十億菩薩皆当往生。其第三仏名曰無量音。彼有二百二十億菩薩皆当往生。其第四仏名曰甘露味。彼有二百五十億菩薩皆当往生。其第五仏名曰龍勝。彼有十四億菩薩皆当往生。其第六仏名曰勝力。彼有万四千菩薩皆当往生。其第七仏名曰師子。彼有五百億菩薩皆当往生。其第八仏名曰離垢光。彼有八十億菩薩皆当往生。其第九仏名曰徳首。彼有六十億菩薩皆当往生。其第十仏名曰妙徳山。彼有六十億菩薩皆当往生。其第十一仏名曰人王。彼有十億菩薩皆当往生。其第十二仏名曰無上華。彼有無数不可称計諸菩薩衆、皆不退転智慧勇猛。已曾供養無量諸仏於七日中即能摂取百千億劫大士所修堅固之法。斯等菩薩皆当往生。其第十三仏名曰無畏。彼有七百九十億大菩薩衆諸小菩薩及比丘等不レ可二称計一、皆当二往生一。仏語二弥勒一、不三但此十四仏国中諸菩薩等当二往生一也。十方世界無量仏国其往生者亦復如レ是、甚多無数。我但説下十方諸仏名号及菩薩比丘生二彼国一者上、昼夜一劫尚未レ能レ竟。我今為レ汝略説レ之耳。

弥勒菩薩、仏に白して言さく、「世尊、この世界においていくばくの不退の菩薩有りてかかの仏国に生ずる」と。仏、弥勒に告げたまはく、「この世界において六十七億の不退の菩薩有りてかの国に往生す。一々の菩薩はすでにかつて無数の諸仏を供養したてまつる。次いで弥勒のごとき者なり。諸の小行の菩薩および少功徳を修習する者称計すべからず。皆まさに往生すべし」と。仏、弥勒に告げたまはく、「ただ我が刹の諸の菩薩等のみかの国に往生するにあらず。他方の仏土もまた是くのごとし。その第一の仏を名づけて遠照と曰ふ。かしこに百八十億の菩薩有り、皆まさに往生すべし。その第二の仏を名づけて宝蔵と曰ふ。かしこに九十億の菩薩有り、皆まさに往生すべし。その第三の仏を名づけて無量音と曰ふ。かしこに二百二十億の菩薩有り、皆まさに往生すべし。その第四の仏を名づけて甘露味と曰ふ。かしこに二百五十億の菩薩有り、皆まさに往生すべし。その第五の仏を名づけて龍勝と曰ふ。かしこに十四億の菩薩有り、皆まさに往生すべし。その第六の仏を名づけて勝力と曰ふ。かしこに万四千の菩薩有り、皆まさに往生すべし。

その第七の仏を名づけて師子と曰ふ。かしこに五百億の菩薩有り、皆まさに往生すべし。その第八の仏を名づけて離垢光と曰ふ。かしこに八十億の菩薩有り、皆まさに往生すべし。その第九の仏を名づけて徳首と曰ふ。かしこに六十億の菩薩有り、皆まさに往生すべし。その第十の仏を名づけて妙徳山と曰ふ。かしこに六十億の菩薩有り、皆まさに往生すべし。その第十一の仏を名づけて人王と曰ふ。かしこに十億の菩薩有り、皆まさに往生すべし。その第十二の仏を名づけて無上華と曰ふ。かしこに無数にして称計すべからざる諸の菩薩衆有り、皆不退転にして智慧勇猛なり。すでにかつて無量の諸仏を供養したてまつりて、七日の中において、すなはちよく百千億劫に大士の所修の堅固の法を摂取す。これらの菩薩皆まさに往生すべし。その第十三の仏を名づけて無畏と曰ふ。かしこに七百九十億の大菩薩衆、諸の小菩薩および比丘等の称計すべからざる有り、皆まさに往生すべし」と。仏、弥勒に語りたまはく、「ただこの十四仏国の中の諸の菩薩等のみまさに往生すべきにあらざるなり。十方世界無量の仏国よりその往生する者もまた是くのごとし、はなはだ多くして無数なり。我ただ十方諸仏の名号および菩薩・比丘のかの国に生ずる者を説かんに、昼夜一劫すともなほいまだ竟ることあたはず。我今汝がために略して之を説くのみ」と。

## 【解　説】

ついに正宗分の末尾に至った。「釈迦指勧」の大段のうちの「智慧段」の最後として、十方世界からの浄土往生の様子を語るところである。往生すべき存在を「不退の菩薩」と呼んでいるから、場合によっては、高い位に達した菩薩、聖者の往生を語るところと理解されたりもしているが、前段に、「其菩薩有りて疑惑を生ずる者は大利を失すと為す。このゆゑにまさに明らかに諸仏の無上の智慧を信ずべし」といわれているから、釈尊に、「明信仏智」「明信智慧」を、すなわち信心を勧められた菩薩（衆生）をさしているのであろう。なぜなら、「もしこの衆生その本の罪を識り深くみづから悔責してかの処を離るることを求むれば、すなはち意のごとく無量寿仏の所に往詣して恭敬し供養したてまつることを得」とも語られていたからである。

「胎化得失」の末尾として、胎生が「為失大利」ならば、化生のものは、報土往生の果を得ることとなる。その証明としての「十方来生」の段がある、このように理解するのがよいと思っている。それゆえ、ここの「不退の菩薩」というのは、高い位に達した菩薩聖者などという意味にはあらずして、不退転の位を得た菩薩、すなわち正定聚である真実信心の行者という意味で、私たち凡夫の念仏者をさしている。もっとも、「次如弥勒者」とあるごとく、宗祖の「御消息第十一通」（註釈版七五八頁）の解釈を窺えば、まったくもってこの上なく有難い位ではある。

ともかく、「不退の菩薩」とは私たち真宗の正定聚不退転のものを指しているのであろう。そういう凡夫の往生ということである。浄土に住する菩薩のすがたは、経文のあちこちに説かれていて、声聞無数の願もあって、この無数の声聞とは、結局は菩薩に他ならない存在であるから、ここで改めて往生について説く必要もないかと思われる。が、今ここでそれを改めて説き示すその理由は、こうして、未来、これから後の世にある衆生たちに対して、信心によって浄土往生を勧めんがためだという。これこそが「釈迦指勧」の意味である。よって、対告者も、教説内容の対告者阿難ではなくして、慈氏すなわち弥勒になっている、という。弥勒菩薩といえば、未来に出現なされる仏の前生とされている存在であるから、その将来を担う弥勒を対告者として選び、これからの衆生に対して、信心による化生を勧めるために、胎生の失を示し、十方の他国からの浄土往生の様子を語っているのである。

ここの教説内容については、細かな解説をする必要はあるまいと思う。まずは娑婆世界からの不退の菩薩の往生をいう。「弥勒のごとき者」ばかりでなく、「小行の菩薩および少功徳を修習する者」の往生も語られているから、不退の菩薩が、高い位に達した菩薩聖者ばかりを意味しているのではないことが、経文からみても明らかである。

その後、①遠照仏の国土から百八十億の菩薩、②宝蔵仏の国土から九十億の菩薩、③無量音仏の国土から二百二十億の菩薩、④甘露味仏の国土から二百五十億の菩薩、⑤龍勝仏の国土から十四億の菩薩、⑥勝力仏の国土から万四千の菩薩、⑦師子仏の国土から五百億の菩薩、⑧離垢光仏の国土から八十億の菩薩、⑨徳首仏の国土から六十億の菩薩、⑩妙徳山仏の国土から六十億の菩薩、⑪人王仏の国土から十億の菩薩、⑫無上華仏の国土から無数にして称計すべからざる諸の菩薩衆、⑬無畏仏の国土から七百九十億の大菩薩衆等の往生が記されている。

娑婆世界を含めて、十四の仏国からの往生が語られているわけであるが、どういう訳か、第六の勝力仏の国土からの往生者は異常に数が少ないこと、第十二の無上華仏の国土からの往生者は、「無数にして称計すべから」ずとして、往生者の具体的な数がいわれていないこと、そして、最後の第十三の無畏仏の国土からの往生者数は、右に示した他に、「諸の小菩薩および比丘等の称計すべからざる」者が往生するとある。こうした記述は少し不統一の感もするけれども、たとえば第十二の仏国における往生すべき者の説明や、第十三仏国の菩薩の区別や比丘僧の往生などは、全仏国に敷衍して解釈すべきものと理解すればよいのであろう。

ともかく、このように示されるが、「ただこの十四仏国の中の諸の菩薩等のみまさに往生すべきにあらざるなり。十方世界無量の仏国よりその往生する者もまた是くのごとし」とまとめられ、十方の無数の世界からの浄土往生が説示されて、この段が終わるのである。その全体の往生者の数は、「菩薩・比丘のかの国に生ずる者を説かんに、昼夜一劫すともなほいまだ竟ることあたはず」とあって、説き尽くすことはできない、無量、無数であるという。

## 【四十七】弥勒付属　特留此経

仏語二弥勒一、其有下得レ聞二彼仏名号一歓喜踊躍乃至一念上。当レ知、此人為レ得二大利一。則是具二足無上功徳一。是故弥勒、設有二大火一充二満三千大千世界一要当下過レ此、聞二是経法一歓喜信楽受持読誦如レ説修行上。所以者何。多有二菩薩一欲レ聞二此経一而不レ能レ得。若有二衆生一聞二此経一者於二無上道一終不二退転一。是故応二当専心信受持誦説行一。仏言、吾今為二諸衆生一説二此経法一令レ見二無量寿仏及其国土一切所有一。所レ当レ為者皆可レ求レ之。無レ得下以二我滅度之後一復生中疑惑上。当来之世経道滅尽我以二慈悲一哀愍特留二此経一止住百歳。其有二衆生一値二斯経一者随二意所願一皆可二得度一。仏語二弥勒一、如来興世難レ値難レ見。諸仏経道難レ得難レ聞。菩薩勝法諸波羅蜜得レ聞亦難。遇二善知識一聞レ法能行此亦為レ難。若下聞二斯経一信楽受持上難中之難無二過レ此難一。是故我法如レ是作如レ是説如レ是教。応二当信順如レ法修行一。

**仏、弥勒に語りたまはく、「其かの仏の名号を聞くことを得て歓喜踊躍して乃至一念せんこと有らん。まさに知るべし、この人は大利を得と為す。すなはちこれ無上の功徳を具足すと。この**

ゆゑに弥勒、たとひ大火有りて三千大千世界に充満すとも、かならずまさにこれを過ぎて、この経法を聞きて歓喜信楽し受持読誦して説のごとく修行すべし。ゆゑは何ん。多く菩薩有りてこの経を聞かんと欲すれどもは得ることあたはざればなり。もし衆生有りてこの経を聞く者は無上道においてつひに退転せず。このゆゑにまさに専心に信受し持誦し説行すべし」と。仏言はく、「吾今諸の衆生のためにこの経法を説きて無量寿仏およびその国土の一切の所有を見せしむ。まさに為すべきところの者あれば皆これを求むべし。我が滅度の後をもつてまた疑惑を生ずることを得ること無かれ。当来の世に経道滅尽せんに、我慈悲をもつて哀愍して、特《こと》にこの経を留めて止住すること百歳せん。其衆生有りてこの経に値ふ者は意の所願に随ひて皆得度すべし」と。仏、弥勒に語りたまはく、「如来の興世値ひがたく見《まみ》えがたし。諸仏の経道得がたく聞きがたし。菩薩の勝法・諸波羅蜜、聞くことを得ることまたかたし。善知識に遇ひ法を聞きよく行ずることこれまたかたしと為す。もしこの経を聞きて信楽受持するがごときは難の中の難にしてこれに過ぎたる難は無し。このゆゑに我が法は是くのごとく作し是くのごとく説き是くのごとく教ふ。まさに信順して法のごとく修行すべし」と。

【解　説】

いよいよ本経も最後の大段、流通分になった。そのはじめにあたり、先にも一言しておいたが、「為得大利」として、信心を得て称名念仏する利益を語っての、弥勒に対する流通付属が述べられている。この「得大利」とは、前に言及したとおり、無上涅槃を得ることで当益を示し、「具足無上功徳」が現益を意味している。こう解釈するなら、ここを単純に流通の一文として読み進める訳には行かず、真宗ではとくに重視すべきものと考えられている。

すなわち「其かの仏の名号を聞くことを得て歓喜踊躍して乃至一念せんこと有らん云々」は、言うまでもないことながら、宗祖聖人が「行文類」に、

行にすなはち一念あり、また信に一念あり。行の一念といふは、いはく、称名の遍数について選択易行の至極を顕開す。

と述べられた上で引用されている（註釈版一八七・八頁）ことから、「乃至一念」の一念を「行の一念」と解釈する、宗祖独自のご理解となっているところであり、安心論題の一つ「行一念義」の出拠とされてもいる（勧学寮編『新編安心論題綱要』一〇〇頁）。

下巻最初にある第十八願成就文にも「乃至一念」の語がある。これは、すでに言及してきたから改めての解説はしないが、ともかく信の一念と理解して、このところの一念は、信心を得た上での最初の称名の一声、すなわち行の一念というのである。

この右の経文は、『一念多念証文』に宗祖の釈がある（註釈版六八四・五頁）。詳しくはそれを参照されたい。信心開けて称名の一念に万徳ことごとくそなわる。「如来の本願を信じて一念するに、かならずもとめざるに無上の功徳を得しめ、しらざるに広大の利益を得るなり」（同右六八五頁）とあるごとく、この文は第十八願のこころを語ったものと理解できよう。

深励師は、ここの一念を行の一念とすることを語るに、宗祖『一念多念証文』にいう、

「踊」は天にをどるといふ。「躍」は地にをどるといふ。

の文を解釈して、「喜ぶ心と云ふは歓喜のことなり。歓は心の中によろこび、その心が形に顕れた相を踊躍と説いたものぢや」と語り、また、『法華文句』五之一の「内解在心名歓喜喜動於形名踊躍」の原文を示した上で、

上の成就の文は信の一念を説いた経文。まだ身業や口業へ顕れざる相を説く故、そこで歓喜と宣ふ。此付属の文は行の一念をとく故、心の信心が已に身業へ発動した形をとく故、そこで歓喜の上に踊躍の言を加へて、心の喜びが形に顕れて、手のまい足のふむところ我れを忘れて喜ぶ相を踊躍と説かせられたものなり（前掲書八二三頁）。

と記している。興味深い釈といえよう。

真宗義においては、「信心正因」といって、信心獲得の即時に正定聚の現益を受け、「往生即成仏」

として、臨終のその時に無上涅槃の当益を得る。動かし得ざる教義である。それを行の一念時に得大利・具足無上功徳をいうのはどうしてであろうか。もちろんのこと、信の一念に業事は成弁するのであるが、ここは本経の流通を期して弥勒に付属する場面である。これまでの聖道門に対して、「称名正定業」を打ち出して、浄土門の利益を強調する経の最後のまとめの部分であるから、他宗に対して、「念仏諸善比校対」の意味で念仏・称名の利益で示したもの、と理解されている。続いて「もし衆生有りてこの経を聞く者は無上道においてつひに退転せず」と述べ、「其衆生有りてこの経に値ふ者は意の所願に随ひて皆得度すべし」とも語り、本経の利益を重ねて強調していることからも、それがうかがえよう。

かように利益を示して本経の流通を弥勒に付属したから、この段の最後に、「当来の世に経道滅尽せんに、我慈悲をもつて哀愍して、特《こと》にこの経を留めて止住すること百歳せん」と、滅法の世にもこの教えが留まるようにと、釈尊は宣言している。「特留此経」「止住百歳」という熟語でよく知られたことがらである。釈尊滅後、正法・像法・末法と徐々に仏法が衰えていって、末法という一万年間が過ぎれば、滅法といって完全に仏法は消えて無くなる。そういう時代が来ても、なおこの念仏の法門を勧める大経だけは、さらに百歳の間世に留める、というのである。それだけこの経が勝れているというのであろう。

ところで、この「此住百歳」の百歳の意味であるが、これを満数として「いついつまでも」と解釈するのが通常である。註釈版八二頁の脚註のごとし。私は、ある席で一人の法中から、こう解釈する根拠はどこにあるかと、質問を受けた経験がある。それで一応調べてみたのであるが、今もって百歳を満数とする論拠を見いだしてはいない。よって、ここで識者に問うておきたい。満数という解釈は誰が始めたのか、何を根拠にしてそう言うのかと。

『仏教大辞彙』の「特留此経」の項をみれば、南岳慧思の『立誓願文』の「我今誓願、持令不滅、至弥勒仏出」の文が示されていて、道隠の『大経甄解』の「凡そ経の住滅を談ずるは、応化身の所説に約す。若し弥陀の方便法身に約すれば、何ぞ生滅あらず。・・・愈々末法に至れば人民極劣にして能説の教行はれずと雖、所説の法体は滅せずして弥勒出生の時に至る」との言もある。また、寛寧の『宗要開関』の記述として、「然るに別願の因縁に就かば如来会に久住不滅と説くが如く、百歳後の衆生も道を得」の文も出されている（三五〇八頁）。このあたりが満数という根拠かとも思ったりするが、ともかく、満数という言を最初に誰が出したのかは、今まだ確認してはいないということである。

同じくこの項に、鮮妙の『宗要論題決択編』の「百歳とは満数を挙げて不滅の義を顕すとするは過ぎたり」という表現を出し、百歳満数説の批判を出していることからすれば、この満数説は鮮妙師以前にすでに唱えられていたことは確かなのであるが。これまた誰が始めた説なのかは述べられていないな い。それで、識者のご教示を請う次第である。

本段の末尾には、この経の極難信をいう。如来の興世に値遇することが難く、諸仏の仏法を聞くことはさらに難く、その中でも菩薩の勝法たる諸波羅蜜を教えられるのはもっと難しい。そして、善知識にあって念仏の教えを勧められるのはなおなお難い、と示したうえで、「もしこの経を聞きて信楽受持するがごときは難の中の難にしてこれに過ぎたる難は無し」というのである。経文を平板に読めば、如来興世に値うこと、諸仏経道を得ること、菩薩勝法諸波羅蜜を聞くこと、そして善知識に遇うことの難は、単なる並列で記されているが、これは、後に言うものが前よりずっと難しくなってゆくもの、と読むべきものであろう。善知識とは、諸仏・諸菩薩であるとうけとり、念仏の教えを勧める存在として理解する真宗義からすれば、右の解釈が当然に支持されるべく、その後にある「難の中の難にしてこれに過ぎたる難は無し」という表現が生きてくるというものである。

罪悪深重の凡夫が、信心して念仏する、これだけで救われ成仏できるという教えは、あまりにも易行であるがゆえに信じがたい。それだけ諸経に超過した教えであるがゆえに、聖道門的な思考をもってしては極難信というべき法門である。よって、釈尊は、だからこそ「まさに信順して法のごとく修行すべし」と強調せんがために、難得・難聞・難信と語を重ねているのであろう。もちろんここが、

「止信偈」の「難中之難無過斯」の出拠である。

## 【四十八】流通分

爾時、世尊説二此経法一無量衆生皆発二無上正覚之心一、万二千那由他人得二清浄法眼一、二十二億諸天人民得二阿那含果一、八十万比丘漏尽意解、四十億菩薩得二不退転一。以二弘誓功徳一而自荘厳於二将来世一当レ成二正覚一。爾時三千大千世界六種震動大光普照二十方国土一、百千音楽自然而作、無量妙華紛紛而降。仏説レ経已、弥勒菩薩及十方来諸菩薩衆長老阿難諸大声聞一切大衆聞二仏所説一靡レ不二歓喜一。

仏説無量寿経　巻下

**その時、世尊この経法を説きたまふに、無量の衆生皆無上正覚の心を発し、万二千那由他の人清浄法眼《ほうげん》を得、二十二億の諸天・人民阿那含果を得、八十万の比丘漏尽意解し、四十億の菩薩不退転を得たり。弘誓の功徳をもつてみづから荘厳し将来の世においてまさに正覚を成ずべし。その時三千大千世界六種に震動し、大光あまねく十方国土を照らし、百千の音楽自然にして作《な》り、無量の妙華紛々として降る。仏、経を説きをはりたまふに、弥勒菩薩および十方より来れる諸の**

菩薩衆、長老阿難、諸の大声聞、一切の大衆、仏の所説を聞きたてまつりて歓喜せざるはなし。

仏説無量寿経　巻下

【語　句】

**清浄法眼**……声聞の四果の最下位である須陀洹果（預流果）に入って得る、四諦の理を正しく見る眼のこと。

**阿那含果**……同じく声聞四果の第三位で、梵語 anāgāmin の音写語。もはや迷いの世界には戻らない境地なので、不還と訳す。

**漏尽意解**……煩悩を滅し尽して正しい智慧を獲得したという意味で、声聞四果の最高位、阿羅漢果を意味している。

**弘誓**……不退転の菩薩として、自己自身が立てた衆生済度を願う誓願をいう。阿弥陀仏（法蔵菩薩）の本願をさしているわけではない。第二十二願の「本願」あるいは「弘誓の鎧」に同じ。

【解　説】

経の最後の段で、王舎城耆闍崛山の会の聴衆の得益を述べて、会座が閉じられるところである。

語注に記したように、声聞の初果・須陀洹果（srota-āpanna 預流果）、阿那含果、そして阿羅漢果と、小乗の教理に寄せて述べられているが、これは通途の体裁にしたがっているのであろう。菩薩の得る不退転の果を真宗でいうところの正定聚と理解するなら、やはり、これらも別途の理解をしなければなるまい。その場合は、「得清浄法眼」とは、大乗を聴聞して他力の信心を得て、信心の智慧の眼が開いたこと、「得阿那含果」とは、阿那含とは迷いの世界にもはや戻らない不還ということであるから、信心を得て、六趣四生の因も果も滅して、再び悪趣に還えらぬ身になったこと、「漏尽意解」とは、信心を得た一念に、ありとあらゆる悪業煩悩が願力不思議によって滅し尽されて、凡夫ながら信心の智慧、すなわち無生法忍を得たということを意味しているという。深励師前掲書八三六頁参照。武邑尚邦『大無量寿経講讃』二三七頁にも、簡略ながら同趣旨の論がある。

本経の教説を聴聞して、この小乗の得益というのも少し不自然だが、右のように別途での解釈もあまりすっきりしない。これでは、すべてが、信心を得て、正定聚不退転の位に即いたということになってしまい、わざわざ諸果を区別して語る意味がなくなってしまう。論者としては、小乗の根機のものは、大乗教を聞きながら自分の根機に応じて聞く、そこで小乗の利益を得る、という通途の理解がよいと感じられる。これは『瑜伽論記』にある玄奘相伝の説であるという。

こうして経がおわるにあたり、それを嘉して世界が六種に震動し、大光や音楽や妙華の奇瑞が起こり、経を聞き奉った大衆すべての歓喜が語られて、経が閉じられている。
以上、はなはだ簡略ながら、これで『正依大経』両巻の講述が完結した。

# 【索　　引】

索引の語句は、「研究篇」の第一から第三章と、「講読篇」の【解説】の中から、重要と思われる語句を採録した。

### あ行



### か行

## た行



## な行



## は行

## ま行



## や行



## ら行

**著者紹介**

相馬一意（そうま　かずい）

1948年　茨城県に生まれる。

1979年　龍谷大学大学院文学研究科博士課程修了。

博士（文学）（2007年、龍谷大学）

専　攻　仏教学

現　在　浄土真宗本願寺派勧学、茨城西組・西光寺住職

著　書　仏教がわかる本（1992、教育新潮社）、往生論註講読（2000、百華苑）、究竟一乗宝性論講読（2005、自照社出版）、大乗起信論新講（2011、百華苑）、本物に出あう（2012、百華苑）、曇鸞『往生論註』の講究（2013、永田文昌堂）ほか。

現住所　〒300-4531　茨城県筑西市築地222



無量寿経講述

二〇一九（令和元）年七月十八日　第一刷

著　者　相　馬　一　意

発行者　永　田　　悟

印刷所　㈱図書印刷同　朋　舎

製本所　㈱吉　田　三　誠　堂

発行所　永　田　文　昌　堂

600-8342　京都市下京区花屋町通西洞院西入

電　話（〇七五）三七一―六六五一番

FAX（〇七五）三五一―九〇三一番

ISBN978-4-8162-2160-6　C3015